PINPAI XUEXIAO SHI ZHEYANG JIANCHENG DE

教育现场对话 ②

品牌学校是这样建成的

房超平 著

六年时间用『心』做规划
探索德育为学生成长导航的新路径
个性化教育的大胆尝试
发现爱的『支点』
学校管理『怪才』
三把『慢火』践行办学理想
打造轻负优质的学本课堂
带领『乌合之众』创造高考奇迹
学校科研的理性回归
科研专家治校的『三板斧』

教育科学出版社
·北京·

出 版 人　所广一
责任编辑　谭文明
版式设计　贾艳凤　沈晓萌
责任校对　贾静芳
责任印制　叶小峰

图书在版编目（CIP）数据

教育现场对话② 品牌学校是这样建成的 / 房超平
著. —北京：教育科学出版社，2012.9（2015.4 重印）
ISBN 978 - 7 - 5041 - 6931 - 0

Ⅰ.①教…　Ⅱ.①房…　Ⅲ.①中小学—办学经验
Ⅳ.①G637

中国版本图书馆 CIP 数据核字（2012）第 183708 号

教育现场对话② 品牌学校是这样建成的
JIAOYU XIANCHANG DUIHUA ② PINPAI XUEXIAO SHI ZHEYANG JIANCHENG DE

出版发行	**教育科学出版社**			
社　址	北京·朝阳区安慧北里安园甲 9 号	市场部电话	010 - 64989009
邮　编	100101	编辑部电话	010 - 64981277
传　真	010 - 64891796	网　址	http://www.esph.com.cn
经　销	各地新华书店		
制　作	北京金奥都图文制作中心		
印　刷	虎彩印艺股份有限公司	版　次	2012 年 9 月第 1 版
开　本	160 毫米×239 毫米　16 开	印　次	2015 年 4 月第 2 次印刷
印　张	14	印　数	5 201—6 202 册
字　数	190 千	定　价	28.00 元

如有印装质量问题，请到所购图书销售部门联系调换。

以我、你、他（她）三者对话贯穿全书，形成彼此本真的相遇，形象生动地再现了教育现场中的故事，让读者穿越三种"世界"，在不同"视界"的互动中探究事实、理解人，发现或形成自己关于教育现场中的类似真理的教育意义。这样的对话，可望为朝气蓬勃的教育变革或充斥着无限复杂性的教育现实带来一种新的气象。

——深圳大学教授　李臣之

在一个个案例、反思、对话、评说中，我们看到了一个个鲜活的、平平凡凡的教育工作者身上所发出的精彩光芒。教育让生活更美好，而思想让教育更美好。当喧嚣的生活归于宁静，深入品读"对话"，忽然发现，经过思考的教育生活竟然如此精彩。享受"对话"也使我们相信，能使我们得到美的享受、美的快乐和美的满足的东西，必然具有一种特别的教育力量。

——海淀区教师进修学校副校长　申军红

超平兄是我和许多校长眼中的怪才、鬼才，他的怪与鬼在于他总能从庸常的教育教学场景中发掘出一些出乎意料的东西来，这些"成果"深刻、锐利，直达本质，让人惊赞不已。他的这本《教育现场对话②品牌学校是这样建成的》可以说是他这种怪才与鬼才的一次结晶，该"晶体"既在形式上让人眼睛一亮——书原来还可以这样精巧有趣，更在内涵上散发着直抵教育心灵的思想光芒——教育原来在日常生活中有如此多可以践行的智慧。

　　　　　　　　——中国教育报《现代校长》周刊主编　徐启建

　　读过房超平的文章，觉得他文章中的每个字似乎都是从基层长出来的，同时这些从最底下长出来的字却又有着一定的高度，渗透着科学的思考，这是一种我们基层学校校长和教师最稀缺的"低位"和"高位"并具的视角或者品质，在我们看来真是太难得了，因为我们实在厌倦了粗制滥造的"假贴近"，也看够了高高在上的"假高深"。

　　　　　　　　——杭州市安吉路实验学校校长、特级教师　骆玲芳

对话，让教育开始呼吸

清华大学教育研究院　王振权

"会思想的芦苇"源自西方三大经典散文之一的《思想录》。该文的作者——法国17世纪科学家、思想家布莱兹·帕斯卡尔（Blaise Pascal）写道，人只不过是一根芦苇，是自然界最脆弱的东西；但他是一根能思想的芦苇……因而，我们全部的尊严就在于思想。

房超平先生的新作《教育现场对话① 教师发展的阿基米德点》和《教育现场对话② 品牌学校是这样建成的》，让我们对教育有了一种贴近式的思考，并隐约看见一棵会思想的芦苇，在教育生活的独白与对话中，凝练出熠熠发光的智慧。这两部作品就似魔袋，袋子虽小，却能取出很多精彩的教育生活故事，它们真真切切地发生，熟悉而又新鲜，蕴涵着深刻的哲理，折射出智慧的光芒。耐心体味，细心挖掘，共绘故事背后敞开的思想，能够帮我们解开桎梏心灵的锁链，找到教育实践中处理问题的答案。

"教育让生活更美好，而思想让教育更美好。当喧嚣的生活归于宁静，深入品读'对话'，忽然发现，经过思考的教育生活竟然如此精彩。"北京市海淀区教师进修学校申军红副校长关于"对话"的评价，让我们对"对话"充满期待。

在本书中，作者采用新颖的结构（全书每个篇章分为事例描述、对话分析、观点提炼和旁观者言四个板块），以且行且思、娓娓而谈的方式，带读者走进了一座教育的私家花园。

在这座花园中，我们不仅看到了一种"很教育"的教育，而且在为教育找到尊严和自足的同时，让教育者自身享受到久违的教育热忱与尊严。

世界研究型大学的鼻祖洪堡说，每一种语言都包含着一种独特的世界观。"对话"中的双方正是通过语言，在问和答、给予和取得、相互争论和达成一致的过程中实现一种意义交往，这一点正构成谈话的特征。不管问题和答案是什么，这样的对话永远不会终止。书中所提出的问题，其实每个教育者在不同的时刻都给予了不同回答。但它们却继续敞开，继续要求得到回答。过去的回答构成了我们知识的一部分，并对我们未来的回答产生影响。

对这两本书而言，其中的教育对话挑战的是我们原有的师生关系、生生关系、知识本质以及学习本质等方面的思维成见、定见与主观认定。诸如，"珍惜学生犯错误的'权利'"、"学生敢于批评教师，也是教育的成功"、"'优生'往往是更为严重的问题学生"、"学术问题需要学术方式来解决"、"布置作业过多是严重的师德问题"、"千万不要在不想学习的时候去学习"、"让利益攸关者都来参与规划编制"、"像保护眼睛一样保护学生参与民主的权利"、"'杜郎口现象'需要批判"、"学校科研不能这山望着那山高"、"校长没有思想，办学就会偏离方向"等观点。

新的基础教育发展方式，需要建构一种对话、合作与探究的学校文化。校长和教师的专业发展需要适应这一需要，以新的思维方式和专业发展文化，重构校长和教师专业发展的时空。"对话"给了我们一种新的启示。对话是学校最主要的交往形式，语言是校长、教师在学校中成长的最主要的媒介，并且是交流和管理的一种最基本手段。显然，对话具有成就校长和教师专业发展的天然合法性。

当对话不只是语言学意义上的交流，也不仅仅是一种教育呈现方式，而是一种思维和文化逻辑时，对话本身就突出了平等、民主、自由，对话主体的创造力就能够彻底释放出来，因而能够帮助校长和教师专业发展的方式发生彻底改变，以更加符合人的接受习惯和工作规律的方式，代替传统的以单向指令作为基本手段的行为模式。

全球创新教师最优方案奖、首届全国教育改革创新奖杰出教师奖获得者、深圳市南山实验学校宋鹏君老师对"对话"这种促进教师专业发展的方式给出这样的评价："作为一名教师，我们可以花些时间读读这类讲述咱身边最真实教育故事的书。活生生的人和他们的故事，比任何理论都更重要，都更能扣人心弦。一个个故事，宛如一个个脚印，我们可以踏着这些足迹，激发教育激情和智慧，稳健迈向追求理想教育探索之路。"教育大道至简，实践之树常青。打开尘封的教育热情，回归常识，教育之门会豁然开朗。

对话，让教育开始呼吸。

目 录

自 序 探寻品牌学校建设路线图

在许多人眼里，学校发展规划就如同绣花枕头，好看不中用。当有人告诉你，一所学校花费六年时间精心编制、实施学校发展规划，你是不是觉得有点过于夸张？

在学生来源参差不齐、家长素质普遍不高、社区环境相对不好的"三低"情形下，没有更多的资源投入，却能在不太长的时间内把学校打造成品牌学校。你会不会认为这只是一种臆想？

一个"乌合之众"组成的团队——学生大多没有考上高中，教师大多没有教过高中，却创造了高考升学率遥遥领先优质高中的优异成绩。你有没有想到这不仅仅是一个美丽的传说？

在不太长的时间内，使一所广受社会欢迎的品牌学校的品牌影响力更为突出，或者把一所名不见经传的新办学校办成令学生、家长高度认可的品牌学校。你知不知道对于知名校长而言，这就是一种使命？

……

当你深入了解案例主人公的办学理念、治校策略和管理智慧之后，你会发现，上面的问题都不成问题。

本书从对话分析十二位优秀校长办学治校的成功案例入手，试图展示这些校长的鲜活经验，揭示他们的心路历程，破解他们的成功秘籍，并从实践的角度绘制品牌学校建设的三条路线图——

第一条是新办学校快速发展路线图。《六年时间用"心"做规划》《探索德育为学生成长导航的新路径》《个性化教育的大胆尝试》《科研专家治校的"三板斧"》四篇文章，介绍了三所新办学校成长为品牌学校的生动案例，也揭示了新办学校快速发展的路线图，那就是，从制定"学校发展规划"做起，充分发挥教育科研在办学实践中的导向作用，大胆突破传统的教育教学模式，就能为新办学校赢得先机，就能实现新办学校的快速发展。

第二条是薄弱学校跨越发展路线图。《学校管理怪才》《打造轻负优质的学本课堂》《带领"乌合之众"创造高考奇迹》《品牌学校是这样建成的》四篇文章，介绍了四所学校从薄弱学校转变为优质学校乃至品牌学校的教育奇迹，也揭示了薄弱学校跨越发展的路线图，那就是，在逆境中发现、培养学校发展的生长点，进而带领全校师生，致力于学校特色建设，并通过特色带动学校各方面的改革和发展，从而使薄弱学校发展成为优质学校乃至品牌学校。

第三条是品牌学校创新发展路线图。《发现爱的"支点"》《三把"慢火"践行办学理想》《学校科研的理性回归》《难舍的校长情结》《校长就是旗帜》五篇文章，介绍了五位知名校长创新发展品牌学校，使品牌影响力全面提升的成功经验，也揭示了品牌学校创新发展的路线图，那就是，不断给学校品牌注入新的元素，才能使品牌内涵与时代变化同步发展乃至超前发展，也才能让学校品牌长盛不衰，永葆青春活力。

总结这三条路线图，聪明的读者不难发现品牌学校建设的四个法宝，那就是校长的人格魅力、教育智慧、管理经验和创新实践。有了人格魅力，就具有了感召力，就能凝聚起全校师生改变的力量；有了教育智慧，就具有了创造力，就能找到破解学校发展难题的良方；有了管理经验，就具有了领导力，就能把先进的教育理念转化为科学的管理技术；有了创新实践，就具有了执行力，就能在办学实践中创造属于自己的、独特的教育经验。

作为《教育现场对话① 教师发展的阿基米德点》的姊妹篇，本书之所以以"教育现场对话"为主题，是因为本书有一个与其他同类书籍不同的板块，也是本书最重要的板块："对话分析"。这个板块虽然用的是与案例主人公虚拟对话的方式，但揭示的却是案例主人公丰富的内心世界。该板块试图让读者深入了解主人公思考教育问题的角度、采取管理对策的原理、引领学校发展的智慧。需要说明的是，这个板块采用对话这种通俗易懂的语言表达方式，来阐明教育案例背后隐含的教育哲理，希望能使教育理论以一种亲切的"面孔"面对普通的读者，也希望能进一步证明这样一个真理：只有回到教育实践中，教育理论才能显示出强大的生命力。

本书的每个篇章均分为事例描述、对话分析、观点提炼和旁观者言四个板块（其中，事例描述和对话分析是主要板块，根据内容需要在文中交叉出现）。

事例描述：以故事叙说的方式展开，力图增强可读性、真实性和实践性。

对话分析：以虚拟对话方式对事例作出的理性解读，力图呈现通俗性、新颖性和科学性。

观点提炼：力图以专业的角度、理性的思维对事例描述、对话分析两个板块的观点、进行即时提炼和浓缩。

旁观者言：由清华大学教育研究院王振权博士撰写，以新生代学者、第三者的角度对每个章节进行理论评述，从理论的高度对每一篇章进行全景式、概括性总结。

六年时间用"心"做规划

从进行周密的准备工作，到编制问卷对师生、家长进行调查，再到撰写规划初稿、完成规划论证，聂校长对编制学校发展规划的每一个环节都非常重视——聂校长六年时间用"心"做规划的事例，不仅体现了学校民主管理的理念，更重要的是尊重了学校发展的基本规律。

每到规划编制的年份，不少学校都会急着找规划编制方面的专家或写作能力强的写手，闭门造车编制学校发展规划。与其说这是编制规划，不如说这是为了应付上级检查，说穿了就是为了给学校"装门面"。即便这样的规划与学校以前的工作和未来的发展有一定关系，也只是蜻蜓点水。因此，这样的规划对学校发展的指导作用只能是微乎其微的。

然而，聂校长制定学校发展规划却不是这样。他不但要进行多方咨询——借助专家的资源，学习他人的长处，而且要组织问卷调查——了解教师、家长、学生的需求，并进行多次讨论、修订、论证，最后还要提交全体教师大会表决通过。

这样下来，聂校长组织编制学校发展规划耗时将近一年。虽然聂校长组织编写的学校发展规划的文稿仅仅一万字左右，但非常实在，具有很强的针对性和操作性。

让利益攸关者都来参与规划编制

新办学校上轨道，发展规划是关键。做好规划编制工作，必须从学习理论、研读文件入手，做好各项相关的准备工作。

聂校长走马上任时，学校的基建工作刚刚开始，从学校设施设备建设，到教师队伍组建，每件事都要他亲自过问。但聂校长更关注学校发展的软件——发展规划制定，因此他把编制学校发展规划当做学校建设初期最重要的工作来抓。

虽然聂校长到这所新创办的学校之前，已经担任一所名校的校长多年，编制学校发展规划，对他来说无疑是游刃有余，但聂校长却没有把自己关在书斋里一个人编制或者请几个专家按照他的意图去撰写，而是按照如下步骤，扎扎实实做好规划编制前的准备工作：

一是邀请省、市、区规划编制的相关专家给全体教师介绍编制学校发展规划的意义、途径，用理论武装全校教师的头脑；

二是根据工作需要，成立以校长挂帅，中层干部为主要成员、教师代表和家长代表参与的规划编制工作小组，全面负责规划编制的组织和起草工作；

三是组织全体干部学习、研讨上级的有关文件，市、区两级教育发展规划以及区域经济社会发展规划，要求大家把编制学校发展规划置于区域宏观的教育发展规划及背景中去思考；

四是组织规划编制组成员赴外地和区域内先进学校考察学习，吸取各地名校的发展规划编制经验，开阔视野，提高认识水平；

五是在充分调查、了解教师、家长和学生需求的基础上，邀请有关专家编制了规划问卷，分别对全校教师、家长和学生进行问卷调查，让教师、家长、学生描述出他们心目中的理想学校。

新办学校不是一张"白纸"

"你曾经是一所名校的校长，不但有丰富的教育经验，而且有一整套完整的教育理念。按照常理，你只要把在以前工作过的学校的理念和想法，全盘照搬过来，找几个写手或专家稍加改造，就有可能成为一份很好的学校发展规划。因为毕竟新建学校是一张'白纸'，能够按照你这个名校长的想法和意愿，画出最新最美的'图案'。为何你还要如此兴师动众地做这么多事情？"我对聂校长的做法产生了兴趣。

"呵呵，名校长是以前的经历，不代表现在，更不代表未来。"聂校长微微笑了笑说。"我觉得，你说得不无道理。但那样写规划的方式，不符合我做事的风格，而且我不认为这样做能够起到发展规划应有的作用。"

接着，聂校长谈了两个有一定关联度的观点：一是新建学校不是一张"白纸"；二是学校发展规划不应该是校长的个人想法，而应该是全校教师、家长、学生的共同意愿。

> 新建学校的硬件配置和办学环境是相对固定的，因此，新办学校不是一张"白纸"。

他认为，新建学校并不是一张可以随心所欲涂抹的"白纸"，因为新建学校的教师队伍、学生来源、家庭氛围以及社区环境是已经存在的，不可能因为校长的个人想法或意志而改变，因此，新建学校制定学校发展规划，必须充分考虑这些现实中已经存在的客观因素。

他说："学校发展规划固然与校长的办学思想密不可分，但发展规划并不等同于校长办学思想的简单呈现。如果校长的办学思想不能为教师、家长、学生所认同，那么即便校长的办学理念再先进，目标再具体，措施再得力，也难以变成现实。何况，校长的办学理念会随着时间的变化、条件的变化以及教育理念的发展而不断

> 学校发展规划不等于校长办学思想的简单呈现，必须体现全体师生乃至家长的共同意愿。

发展。因此，虽然是一所新学校，我们也要和老学校一样，充分吸收教师、家长乃至学生的智慧。同时，要充分考虑自己以前工作过程中存在的问题，并在新校规划编制过程中思考解决这些问题的有效措施。"

问卷调查是提出办学思想的基础

"刚才，你提到要对教师、家长和学生进行问卷调查。你能不能告诉我，你们所做的问卷调查与你关于这所学校的办学思想有必然联系吗？"我想，聂校长不至于制定规划时，只考虑教师、家长、学生的意见，而置先前的经验于不顾吧。

"问卷调查是提出办学思想的基础和前提。刚接手一所学校就提出办学理念，是不负责任的做法。"聂校长的情绪显得有点激动。

稍停片刻后，他继续说道："虽然校长可能对现代教育理念有很深刻的认识，也可能有一定的办学经验，这些认识和经验对于办好一所学校尤其是新建学校非常有益，但这些认识和经验并不完全等同于新建学校的办学理念。此外，教育理念在更新，校长的认识也在发展变化，完全照搬以前学校的办学理念是不科学的。"

> 校长的办学理念和治校经验是新办学校的宝贵资源，但完全照搬以前的经验不可取。

聂校长认为，校长必须把已有的关于先进教育理念及学校办学实践的认识和经验，与新建学校的实际，诸如教师队伍的素质、生源结构的状况、学生家长的诉求、社区教育的环境以及办学设施的实际等相关因素紧密结合起来，

> 把先进理念和学校实际结合起来，才能使规划更具有前瞻性和针对性。

才能提出有一定前瞻性，同时又具有较强针对性的办学思想。因此，"我们组织问卷调查，不带任何框架，不给任何暗示。"

聂校长说："我们这样做的目的很简单、很明确，就是试图了解利益攸关者对学校办学的诉求（不论这种诉求是否合理，也不论这些诉求是

否符合现代教育理念）。我相信，教师、家长和学生对学校教育的诉求，与现代教育理念之间可能存在一定差距，但这些差距不是难以逾越的。因此，编制学校发展规划，必须以现代教育理念为指导，充分考虑教师、家长、学生的诉求以及区域经济社会发展对人才的需求，探寻三者之间的结合点。从实际操作看，我们还做得很不够，因为我们对社区的调查显得还不深入、不全面。"

> 问卷调查能够了解师生需求，是提出办学思想和编制发展规划的基础。编制学校规划必须通过问卷调查，了解利益攸关者的诉求，在现代教育理念与师生诉求、社会需求之间寻找共同点。

规划初稿形成历时半年

学校发展规划编制的各项准备工作完成以后，聂校长便组织全校干部、教师，按照下列程序进行规划文稿的起草工作：

一是各年级组、学科组组织召开发展规划研讨会，集思广益，发动全体教职工为编制发展规划出谋划策。

二是规划编制组对问卷的统计数据进行认真分析，并要求各部门根据问卷数据，写出详

> 征求教师意见→分析问卷数据→草拟规划框架→起草规划文稿，是规划文稿形成的路线图。

细的分析报告。然后，再组织全体干部逐条研究分析这份报告的内容，提炼相关的信息，以此作为学校编制发展规划的重要依据。

三是由规划编制组根据问卷分析报告和多次研讨会的意见、建议，草拟发展规划的基本框架，并下发各职能部门讨论。

四是规划文本的基本框架初步定稿后，在校园网予以公布，征求教师、家长和学生的意见。同时，提交有关专家进行指导。然后，根据学校各方面的意见对框架进一步修改。

五是规划框架定稿后，按部门职责对规划框架的内容进行分解，落实各部门规划文稿的起草任务。然后，各部门按照规划框架撰写相关

内容。

六是在聂校长的亲自组织和参与下，学校规划编写组对各部门提交的内容进行文字统整、修改，并最终形成了规划文稿的初稿。

由于聂校长对每个步骤的要求都非常认真，所以完成以上六个步骤，整整花费了半年多时间。

"我所能做的就是设计程序和理念渗透！"

"听完你的这个规划起草过程，我似乎感到，校长在其中的作用不大突出。不知你是否认同我的观点？"我看似轻描淡写地问了一句。

"你是不是说，在规划起草过程中我没有谈自己的想法和要求，或者说我没有把自己的思路和想法融进规划之中？"聂校长一眼就看穿了我的意图。"呵呵，这其中可能有一些误会。误会产生的原因，主要是我对自己在规划编制中的作用没有给你交代。"

接着，聂校长谈了自己对校长在规划编制中的作用的认识。他说："校长在规划编制中的作用主要有两点。一是设计程序。就是要通过制度化、民主化的程序设计，调动全体教职工乃至学生、家长参与规划编制的积极性，发挥他们的主人翁作用。二是理念渗透。就是在规划讨论、起草过程中，校长要尽量把自己作为

> 校长是规划编制的组织者和"发动机"。校长在规划编制中的作用主要有，调动利益攸关者参与规划编制的积极性，以平等身份参与讨论，并在讨论中渗透自己的理念与思考。

一名普通成员，发表自己的观点，阐述自己的理念。不可否认，虽然我想把自己作为一名普通的教师，但由于自己毕竟是校长，对教育的理念和思考比一般教师更加深入，加之学校教师对领导都非常尊重（虽然在学术问题上，尊重领导没有任何积极意义，相反会起到阻碍学术自由的作用，但由于诸多主客观原因，人们对领导在观念和态度上总是过于尊重），因此，我在各种研讨会上发表的意见，都会引起大家的高度关注，也充分体现在规划的文稿中。"

"基于此，我在程序设计上，尽量避免过于突出校长的作用；在研讨会上，尽量少发表自己的观点。但正是由于刚才我讲的那些原因，即便如此，自己在规划制定中的理念渗透还是显得太过突出。没有办法，也许这就是国情所致吧。"说到这里，聂校长面露难色。

四组数据充分体现民主

　　"你后来有没有做过统计，你们在规划编制过程中，总共吸收了多少条问卷调查以及各种研讨会上收集的意见和建议？"我在想，聂校长是不是和别的校长一样——"走形式"。

> 学校发展规划涉及全校每个师生的切身利益，必须通过问卷调查、反复征集建议和意见等途径，集思广益，充分反映师生和家长的诉求。

　　"谈到数字，我简单列举一下：在规划起草过程中，我们先后收回 1500 多份调查问卷，征集到规划起草的建议有 300 多条，召开研讨会 11 次，修改规划初稿 10 次。"聂校长一口气说了 4 组数据。

　　"这些数据对规划起草到底起了哪些作用？"看聂校长没有直奔主题，我只好单刀直入。

　　"你该不会认为我们在'走形式'吧？"聂校长看了我一眼，然后，语气坚定地说，"我可以负责任地说，问卷调查和教师、家长、学生提出的合理建议在规划编制的过程中都充分吸收了——这里解释一下，吸收不等于照搬。举

> 对师生乃至家长的合理化建议一定要充分吸收，对师生、家长不合理的观点和意见，要及时沟通，做好解释工作。

个例子吧，老师们提出，学校的规章制度要简约，不要太烦琐，最好是由老师们自己来制定，而不是学校班子或中层干部制定。我们觉得，老师们的这条建议非常有道理，于是，在规划文稿中，我们就明确了这一条：学校管理要简约、高效，管理制度由教师代表起草，内容一般不超过十条，并由全校教职工代表大会讨论通过后才能生效。还有，教师、家长和学生在问卷中列举了小学生应该养成的十条好习惯。这十条好习

惯包括：学会倾听，养成正确的写字姿势，睡前整理好书包和衣物，自觉按时起床，见到长辈主动问好，每天课外阅读 20 分钟，发言声音洪亮等。我们认真研究后认为，这条建议非常好，对学校搞好德育工作有重要意义，因此，我们也把这十条好习惯写进了发展规划，并且把其作为我们开展德育工作的重要抓手。即使有的建议不切合实际或暂时无法吸收，我们也给大家进行了及时解释。一些人把搞问卷调查和教师、家长提意见作为走过场，我觉得，这样的形式主义，既浪费了大家的精力和时间，又践踏了民主，对于学校良好风气的形成非常不利。同时，由于无法体现教师、家长的意见，学校发展规划就有可能成为无本之木，起不到应有的作用。因此，走过场的做法应该坚决摒弃。"

"在现有体制下，学校民主应该体现在哪些方面？"谈到学校民主，我认为聂校长应该有话可说。

> 决策民主是学校民主的重要内容，一定要把决策的过程公开，让教职工参与到决策过程中来。

"在现行体制下，校长负责制往往被人为地演变成校长专制，学校民主成了掩饰专制的代名词，往往流于形式。这种现象非常可怕。"聂校长严肃地说，"我认为，学校民主应该体现在民主决策和民主管理两个方面，而民主决策更为重要。首先，要把决策的思路和过程公开，也就是要把决策的思路告诉全体教职工乃至家长，让他们参与到决策过程中来，而不仅仅是公开结果。其次，要给每一个教职工甚至学生、家长参与管理的机会。比如通过竞标方式，对学校活动实行项目管理，再比如，实行中层干部年度述职制度，对干部述职的结果进行民主表决，等等。"

"怎么参与决策过程呢？难道让教职工参加校长办公会不成？"我对聂校长的提法感到难以理解。

"教职工参加校长办公会有何不可？校长办公会都不能对教师公开，何谈教育民主！除非校长办公会有什么不可告人的事情。当然，所有的事情让所有的教师都来参与，既不现实，也没有必要。毕竟老师们还有繁重的教育教学任务，此外一些事情在酝酿讨论阶段也容易引起教师乃至家长的误会。但校长不能因此而剥夺他们参与决策的权利。我认为，开放校长办公会是个态度问题，即便全校教师旁听会议没有必要，也可以允许教师代表旁听呀，特别是讨论有关教师切身利益的大事时，更应如此。"聂校长斩钉截铁地说，"至于决策的思路让教师知晓，这一点很容易做到。比如，有决策思路后，先和教师代表或家长代表沟通、交流自己的想法，多方面、多途径征求教师和家长的意见。其实，更多时候，我的决策思路来源于学校实践和教师的创造性工作。"

> 开放校长办公会是个态度问题。不论是否讨论教师切身利益，校长办公会都应该允许教师代表旁听，因为对教职工而言学校没有秘密。

"你们的学校干部写过发展规划吗？"显然，我怀疑他们学校的干部是否有能力编制规划。

"呵呵，你不相信我们这些基层干部？"聂校长并没有因为我的问题而生气，而是直截了当地回应道，"我们的中层干部虽然没有编制过学校规划，甚至对规划的认识、定位都不是十分清楚，但我们可以在实践中学习、提高。事实上，规划编制的过程，就是学校干部自我学习、自我培养、自我提高的过程。这个过程，校长当然不能错过。我们是一所新学校，以前担任过干部的教师不是很多，更需要锻炼、培养和提高。因此，我的想法很单纯，一是让所有干部通过参与规划编制，提高对规划编制的认识，站在学校发展全局的角度来理解本部门工作的意义。同时，思考、研究把先进理念和认识转化为具体的操作行为的路径，把规划的思路、目标、内容与自己的管理工作实际紧密结合起来，避免规划和工作两张皮现象的出现。二是通过规划编制，进一步体会学校民主和民主管理的内涵，让干部们知道，如何调动教师、家长和学生的积极性，怎样采纳大家的合理建议。"

> 以学校班子成员为主编制规划，是培养、提高干部能力的重要途径。

共识在过程中达成

> 规划论证是编制规划的重要环节。专家论证、民主决策等程序，可以使规划既具有科学性，又具有可行性。

规划初稿形成后，聂校长组织力量按照下列程序进行规划论证：

一是举行全校干部（包括级组长、学科组长）会议，对规划初稿进行认真研讨，提出修改意见。在此基础上，形成规划文稿的讨论稿。为了使干部们的意见得到充分反映，学校先后安排两次会议进行研讨。每次研讨之前，各处室都会和有关科组、级组的老师进行充分讨论。

二是邀请规划研究、德育研究、课程理论、学科教学以及信息技术等方面的专家对规划讨论稿进行多方面的分析、论证。修改后，形成规划文稿的征求意见稿。

三是把征求意见稿挂在校园网上公开征求全校教职工、家长和学生的意见，经过全体干部会议讨论进一步修改后，形成规划文稿的终稿。

四是把修改后的终稿提交教职工大会讨论、修改，形成定稿。

"很多学校规划编制完就放到抽屉里去了。你们制定一个规划花费了这么长时间。你觉得值吗?"听完聂校长的叙述,我对这个规划的落实情况非常关注。

"从理论上讲,一份发展规划能起到引领学校发展的作用,花费多大代价、多长时间都值。如果我们草率行事,找几个专家或写手闭门写作,可以写出一份专业水平很高、让人耳目一新的发展规划,但这样的规划是无法起到指导学校发展作用的,只能是绣花枕头——好看不中用。与其这样,费时费力没有实用性,我们宁可不做。其实,规划的编制过程是一个集思广益的过程,是一个达成共识的过程,是一个激活潜能的过程。我们之所以要这样设计规划制定的程序,是因为我们希望通过规划制定,让全体教师、家长甚至学生学习、了解现代教育理念,培养大家民主治校、参与管理的意识,并对学校的发展前景充满期待。只有这样,才能激发大家的热情,才能把规划所设定的目标变成大家的共同行动,也才能有效实现规划制定的目标。按照这样的程序制定规划,等到规划编制完成之后,绝大多数教师对规划已经心中有数了。或者说,规划已经变成了教师乃至学生、家长心中的蓝图和为之奋斗的目标了。而这就是我们制定规划所要达到的目的。"聂校长的一席话让我沉思良久。

专家的作用很有限

"一般学校制定规划,都是请专家执笔或把关。你对此怎么看?"我试图了解聂校长不请专家编制规划的原因。

"专家执笔或把关的规划也许水平更高、更专业。我个人认为,一是专家执笔写出来的规划不一定符合学校实际,因为专家很难有那么多时间深入了解学校的实际情况;二是专家一开始就介入规划制定，会对老师们和执笔者产生很大的压力，容易造成专家主导规划制定的局面，而专家主导规划制定，容易造成规划脱离学校实际；三是新建学校经费有限，请不起那么多专家（当然这不是主要原因）。"看来，聂校长对专家的作用不是很认同。

"对你们这样一个'草根'规划，专家们事后是怎样评价的？"我怀疑聂校长他们做出来的规划能否获得专家的认可。

"虽然我们邀请专家对规划进行了具体指导，但由于规划主要是我们自己做出来的，因此我们的规划在理论高度和专业水准上与专家们的期望有不小的差距，但我们的规划定位比

较准确，目标比较清晰，内容比较实在，措施比较具体，更符合我们学校自己的实际。也许是专家们过于客气吧，他们在论证研讨会上对我们的评价还算不错。当然，他们对规划的科学性和专业性方面提出了不少好的意见和建议。坦率地说，规划的高度和水平是拿来给外人看的。从本质上看，规划的专业性应该更多地体现在可行性和操作性两个方面。"不难看出，聂校长虽然没有掩饰草根规划的弊端，但还是更喜欢自己的草根规划。

"既然内容是你们大家讨论的，肯定符合学校实际。那还要专家论证干什么？"我点明了言外之意。

"噢，你是醉翁之意不在酒呀！"聂校长怔了一下，继续说，"符合学校实际，不一定完全符合现代教育规律，也不一定完全适应教育发展需要。另外，草根规划的结构和体系是不是符合规划的基本要求，等等，这些问题都需要专家们的论证和指导。实际上，我们的专家论证会是一个咨询会，也就是咨询专家们的意见的会议。我们还达不到专家论证的水平。只是大家都习惯把这样的会议称为论证会，既然约定俗成了，我们也依此类推。"

看我不动声色地望着他，聂校长接着说："从咨询结果看，专家们对规划的具体内容也没有提出多少建议和意见。我觉得这很正常。因为他

们毕竟不大了解学校的实际状况。因此，专家能够提高规划的科学性和专业性，但对具体编制规划的作用是有限的。"

六年才"做"完规划

五年以后，聂校长所在学校的发展规划中的各项目标基本得到落实，有的目标还超出了原来的设计。

在编制学校下一个五年规划的会议上，聂校长激动地对全体教职工说："五年前，我们编制了一份凝聚着全校教职工智慧的发展规划。在上级领导的大力支持、全校教职工的积极努力和全体家长、学生的有力配合下，这个规划提出的目标都变成了现实。这充分说明，规划不但对学校发展起到了引领作用，而且使我们这所新学校迅速成为一所在区内有一定影响的学校，为学校的后续发展奠定了扎实的基础。同时，也再一次说明，我们的规划不是写出来的，而是做出来的。"

"'规划是做出来的'，这句话寓意深刻啊！"我内心深处非常敬佩这样的校长。

> 规划文稿完成之后，必须按照规划要求，分解任务，明确责任，完善措施。只有这样，才能把规划的目标和要求落到实处。

"虽然这个规划做了六年（包括规划编制的一年），但规划制定只是一个起点，是万里长征的第一步。事实上，规划编制完成之后，我们还做了大量工作。首先，按照规划的要求，我们把规划提出的目标、任务逐年分解到各个部门；其次，我们要求各个部门制订落实规划的具体实施计划，并落实了具体的责任人；再次，各部门团结全校师生一步一个脚印，扎扎实实抓好规划的落实工作。在每年度工作结束后，我们还要检查年度任务的达成情况，分析完成的经验和没有完成的原因，并提出进一步改进的思路，完善落实措施。如果规划制定完成之后，就束之高阁，这个规划就发挥不了应有的作用。"聂校长最后说。

【旁观者言】

走向理性与共识："另类"的学校顶层设计路线图

作为本书的开篇，作者并没有直接回答教育是什么、为什么，却以一种很另类的方式直指教育政策的顶层设计。规划体现的是从计划经济向市场经济转型的时代精神：专家权威被消解，实践是标准，调查才有发言权，民意是最高决策。其内含的要义，其实就是一句话："教育用心。"

任何一种理解，都有其时代背景。显而易见，聂校长对"规划"的理解并非是抽象思辨的结果，而是源于他在特定历史背景下从事教育改革实验、开展办学实践的内在诉求，因而显得尤为生动、深刻而形象。

"校长是一所学校的旗帜"。旗帜的方向性，不是来自行政赋予的权威，而是学校师生民主平等、共同生活的自然结果。师生有了融洽的共同生活，就能渐渐地发生精神的融合，教师对学生、学生对教师、教师对教师、学生对学生就有了真正的精神交流，思想领导才可能真实发生。

"用整个的心去做整个的校长"，我们深信，这样的校长才能与教师、学生共学、共事、共修养，其实践的教育才是真正的教育。这样才能让师生过一种健康的生活，合力实现学校的真正发展。

校长是学校之魂。这种旗帜的地位和作用，决定了校长首先必须是教育思想的领导，其次才是行政管理的领导。校长除了必须具备一定的行政素养以外，还必须对学校教育教学有正确清醒的认识和理解。这种认识和理解不是褊狭的个人意愿，而要能够主动回应时代的召唤，回答时代所提出的教育命题，要能够让学校师生有"引导我们前行的目标"，不仅用鲜明的办学主张引领师生共同前进，而且是在"与社会生活息息相通"的基础上，主动"共识化"的成果，从而真正实现教育思想的领导。

每个校长对"学校顶层设计"的酝酿，在很大程度上局限于特定的时代背景。本篇中的"规划"，深度体现了聂校长的独特思考和理解，也契合着整个时代的改革与开放之精神。

探索德育为学生成长导航的新路径

——一个校长的创新实践（1）

> 作为一所新办高中的校长，海校长从一切为了学生成长的原则出发，全面改革学校德育工作，实施全员育人导师制，成立学生行为自律仲裁庭，推进班级准社会化管理改革实验，形成了一系列德育工作新机制，达到了自我教育的理想境界，德育实效性显著提高。

20 世纪 90 年代末期，由于当地高中教育资源严重不足，已过而立之年的海校长被确定为一所新办寄宿制高中的校长。

不久，当地一家媒体以《名校，在西部崛起》为题，对海校长关于这所学校的办学理念和办学设想进行了报道。由于学校还在建设中，这篇报道引起了当地居民，尤其是教育界同行的哗然。

为了使学校在短期内走上跨越发展的轨道，海校长根据国际教育改革和发展的趋势，带领全校教师在德育和教学等方面开展了一系列改革创新行动，为学校发展赢得了难得的战略机遇。

三年后，国家教育类权威媒体以《新世纪教育的曙光》为题刊发长篇通讯，向全国推出了这所学校的办学经验，使这所学校迅速享誉全国，当地居民交口称赞，外地参观者更是络绎不绝。

全员导师制：使师生关系更密切

针对教师育人目标难以落实的现状，海校长提出了在学校实施"全员育人导师制"的设想。

根据海校长的设想，学校德育处拟订了"全员育人导师制"方案。方案规定，在年级组和学校德育处的统一组织下，根据学生的学科学习实际以及教师的教育能力和水平，在学生和教师之间进行双向选择的基础上，学校的每个教师都要成为8～10名学生学习、生活、心理诸方面的导师。

为了使导师工作更加规范，充分发挥导师的作用，学校德育处结合对导师工作的要求，制定了比较完善的导师管理制度。同时，学校还制定了导师工作手册，这本手册详尽地提出了导师工作的规范和要求，也规定了导师日常工作的主要项目：与学生谈心，对学生心理、学习、生理状况进行分析，以及与学生谈话、家访等，从而使导师工作有章可循、有规可依。

每个学期结束后，学校德育处还要依据导师考核的有关规定，结合学生评价、班主任评价、家长评价、导师自评以及导师工作手册中的记录等方面的情况，对导师进行综合考核，对表现优秀的导师进行表彰，以进一步强化导师的责任心。

实施导师制以后，该校教师从办公室中自觉、主动地走到了学生们之中，对他们进行心理疏导、学习指导和生活引导。

借鉴高等学校研究生教育的科研导师制，在高中学校德育实践中实行全员育人导师制，丰富了导师的内涵，优化了师生关系，使德育实效性明显提升。

校园里，寝室中，教师与学生平等交流，促膝长谈。同学们把导师当做自己的"知心"朋友，向导师们谈论自己的理想，倾诉自己的苦恼。

实施全员育人导师制以后，该校的师生关系显著改善，德育工作实效也明显提升。

"三导"促进教学相长

"据我所知，导师制是一种研究生教育模式。一般来说，导师只负责几个学生的教学和科研指导任务，并且学生还可以帮助导师完成科研任务。在中学实施导师制，会不会让老师们感到不堪重负？据我所知，很多中学实施导师制，并没有实质效果，只是徒有虚名。"我抛出了自己的疑问。

"在中学实施导师制，是我们首先提出来的。"海校长自豪地介绍道，"虽然是借用了高校的制度，但我们的导师制与高校有很大不同。高校重在科研和教学指导，我们重在心理、学习和生活指导。由于我们学校实行的是寄宿制，

> 全员育人导师制重在对学生的心理、学习和生活进行指导，使导师成为学生人生的领路人。

学生在校时间较长，老师接触学生的时间较多，因此有实施的空间和时间。关于是否会加重教师负担，我觉得要辩证地看，第一，教师对学生进行心理疏导，可以把握学生的心理状态，了解学生所想所思，教育的针对性会更强；第二，教师对学生进行学习指导，可以了解学生学习策略的运用状况，加强对学生学习策略的个别化指导，弥补班级授课的缺陷；第三，教师对学生进行生活引导，和学生交流、谈心，会进一步密切师生关系。实际上，这样做能真正实现教学相长的目标。虽然教师的工作量会有所增加，但教师的教学压力会因为师生关系改善、学生学习状态好转而减弱。唯有如此，教师才能享受教育。至于你说的，有的学校徒有虚名，我不好妄加评论。如果一定要谈自己的看法的话，我只能说，他们把好经念歪了。"

"除了你刚才谈的这三点外，导师制还有哪些优势？"我接过海校长的话问道。

"对这个问题，我还没有深入思考过。"海校长谦虚道，"从我们实施的情况看，我觉得，导师制还应该有四个优势：一是一个班级至少有

四十多名学生，由于班主任还有自己的教学任务，因此难以深入了解每一个学生，导师制能够有效弥补班主任工作的缺陷，促进班级教学团队建设；二是每个学生都是独立的个体，都有独特的个性，导师制为解决学生的个性化教育问题提供了可能，顺应了个性化教育的发展趋势；三是学生的问题是五花八门的，不纯粹是单一的学科知识问题，帮助学生解决这些问题，对于教师的综合素质是个考验，也必然会促进教师综合素质的提高；四是学生的信息来源广泛，了解的知识不一定比教师少，导师制可以拓展教师的视野，促进师生共同成长。"

评价未必能真正提高管理效率

"你似乎还提到了导师的评价问题。能不能具体谈谈你们的思考和实施办法？"我想听听海校长对这个"世界性难题"的看法。

"有的人认为，实施任何制度都要和评价挂起钩来。似乎不评价，一种创新的制度就无法推行或者实施效果就一定不好。我以为不然。"海校长的观点很新颖。

望着我疑惑的眼神，海校长哈哈大笑起来。

稍许，他继续发表自己的高论："在美国和其他许多国家和地区（包括我国的香港地区）的中小学校，并没有教师职称制度，也不评先进教师，但人家的教育管理效果不见得比我们差，教育质量不见得比我们低（当然这里有个国情问题）。在美国等西方国家，每个人有选择

职业的权利和机会，因为他们的社会保险机制比较健全，教师都是心甘情愿做教育工作的人，不喜欢这项工作的人都选择了自己喜欢的其他工作。而我们国家则不同，有一部分人是迫不得已选择了教师工作。所以，

有个美国同人对我们的"师德"一词不是很理解。起初我也很纳闷，后来渐渐明白了，人家不存在师德问题。因此，我觉得，我们对评价的认识有一定的偏差，一是评价的出发点是出于对工作对象的不信任。以为有了评价就能强迫不认真工作的人认真工作。二是把评价完全当成是管理的手段和目标。似乎工作不分出个优劣，就无法管理。但事实上，评价只是管理的一部分，并不能代替管理。因此，我不主张把一切希望都寄托在评价身上。"

"不评价怎么办？难道就允许不认真工作的人继续存在？"我质疑道。

"我们需要反过来思考问题，即评价能强迫不认真工作的人认真工作吗？或者说，评价能真正解决师德问题吗？再说，评价是把"双刃剑"，能激励一部分人的积极性，也会让一部分人失去对工作的热情，因为人的才能和水平是

> 教育评价是把"双刃剑"，它不能从本质上解决教师的工作态度问题。

有差异的。"海校长反问我之后接着说，"我认为，首先，学校要信任教师，只要我们的制度设计科学合理，绝大多数老师一定会认真工作。至于我们对导师进行表彰，其目的只有一个，那就是通过表彰，给其他教师一个指引，让他们理解怎样才能做好这项工作。其次，学校的管理不要以分出优劣为目标，而应以工作程序设计和方式指导为主要内容。任何一个群体都会有优劣之分，学校管理的核心是通过程序设计和方法指导，不断提高全体教职工的工作能力。"

学生行为自律仲裁庭：放飞民主与法制的梦想

中小学学生之间发生纠纷、出现违纪事件是常见的，但如何处理却大有学问。

学校成立后不久，受一部美国影片的启发，海校长就解决学生之间的纠纷及处理学生中的违纪事件等问题，提出了成立"学生法庭"的初

步设想。

　　根据海校长的主张，经过反复论证，在广泛征求学生意见的基础上，学校把"学生法庭"定名为"学生行为自律仲裁庭"（以下简称"仲裁庭"）。

　　为了使这个法庭发挥应有的作用，海校长组织学校有关部门认真学习法律文件和制度，请教有关人士，设计了仲裁庭框架，制定了仲裁庭章程。

> 学生行为自律仲裁庭是学生自己的"法庭"，裁决的是学生自己的行为，既培养了学生的民主法制意识，又加强了学生的自我教育和自我管理。

　　章程规定，仲裁庭除顾问团由聘请的法官、律师以及学校领导担任外，合议庭、告诉团、律师团、仲裁结果执行监督组、议案审议小组以及秘书组的成员全部由学生担任。

　　仲裁庭的庭审程序与一般法庭的程序略有差别，它包括：①入庭，宣布庭审议案；②双方陈词；③法庭调查；④自由辩论；⑤结案陈词；⑥休庭，合议庭讨论；⑦宣布仲裁决议书。

　　有了章程，仲裁庭的建设工作就提上了议事日程。学校通过在全校学生中全员竞争的方式，产生了仲裁庭成员，并邀请律师、法官对仲裁庭成员进行对口培训……

　　接着，仲裁庭正式开庭，成为学生学校生活的一部分。

　　据不完全统计，仲裁庭成立后的短短一年时间内，先后开庭18次，仲裁内容诸如如何处理校园内的失窃案件？学生的书包该不该统一？同学之间能不能做小生意？如何改进学生食堂的伙食？如何杜绝校园中的不文明行为？患有乙肝的同学是否应该隔离？……其中校方被提起诉讼5次；仲裁范围由起初的对学生言行是否符合规范的裁决，演变为对学校的制度、行为等是否合理的裁决，涉及学生在校生活的各个方面。

　　下面是庭审中的一个精彩片段。

　　告诉团：×××同学，我想问你上学期你的考试成绩排名是多少？

　　证人四：对不起，我不能回答，因为这是我的隐私，我只能告诉你，我的成绩较差。

　　告诉团：你是否害怕考试？为什么？

证人四：是，因为考试成绩公布后，会给我带来很大的精神负担。

……

告诉团：你是否有什么特长？能否大概说一下？

证人四：弹钢琴，学了一年，现在是三级。

告诉团：学了一年钢琴就能考到三级，说明她的能力是不容置疑的，那她自卑的原因是什么呢？就是因为这个成绩公布制度。

律师团：反对。其他方面的天赋并不能代表学习方面。

仲裁主席：反对有效。请告诉团注意。

……

经过近两个小时的激烈辩论，仲裁庭作出仲裁决议：（1）分数和成绩排序属于学生隐私，未经学生本人同意不得公开。（2）年级排序前50名学生的成绩，经本人同意，学校可以公开。（3）……不告诉家长成绩的提议是不能成立的。

庭审结束后，学校将仲裁庭的仲裁决议印发给学校各部门和各年级，要求学校各部门、各年级按仲裁庭的裁决执行，并对相应的管理制度进行了修改。

仲裁庭有权制约和监督学校决策

"很多学校都有'模拟法庭'，你们学校的这个'仲裁庭'好像与'模拟法庭'不同。你能不能谈谈它们的具体区别？"听完海校长的介绍，我迫不及待地提出了问题。

"我们的仲裁庭与'模拟法庭'不可相提并论。"海校长毫不谦虚地说，"'模拟法庭'是通过模拟社会生活，让学生对法治社会的基本程序和要求有所认识，或者对学生进行职前培训。而仲裁庭则是借用社会法庭的运作程序，让学生对自己的行为进行分析、评价、裁决。

> 学生行为自律仲裁与"模拟法庭"有很大差别：前者裁决的事务是学生自己的行为，而后者裁决的事务与学生的生活关系不大，因而前者对学生的吸引力更大。

两者的主要区别是，前者'裁决'的事务是假想的或结论已经比较清楚的社会事务，与学生的生活关系不大，后者裁决的事务是学生自己的行为。因此，我们的仲裁庭对学生的吸引力更大。"

"难道你们设立仲裁庭仅仅是为了让学生对自己的行为进行分析、评价？这个仲裁庭有没有其他的作用？"我猜想这个仲裁庭应该发挥更大的作用。

> 学生行为自律仲裁庭调动了学生参与学校管理的积极性，也能使学校更多地了解学生需求，有利于加强民主建设。

"正如你所言，我们仲裁庭的作用确实不同凡响。"海校长笑眯眯地说道，"学校以前处理一件事或一种现象，都是由学校或者老师发出'行'或'不行'的指令，有时难免把学校的意志强加给学生，而仲裁庭的裁决能使学生甚或老师自觉不自觉地修正自己的不民主或不文明行为，也能使学校更理解学生们的意愿，提高他们参与学校管理的积极性。更重要的是，仲裁庭既能让学生在讨个说法的过程中增强法制观念，又能让学生在自己做主的体验中强化自我教育，既培养了学生的民主精神与法制意识，又开辟了民主与法制教育的新的有效途径。同时，由于我们赋予仲裁庭对学校涉及学生事务的最终裁决权，因此，仲裁庭对学校管理也有制约和监督作用，把学生参与民主管理的思想落到了实处。"

像保护眼睛一样保护学生的民主权利

"有没有仲裁庭裁决的结果与学校决定不一致的时候？出现这种情况怎么办？此外，毕竟学生的认识有局限性，因此，仲裁庭的裁决不一定是正确的，出现这种情况，你们又是怎么处理的？"谈到仲裁庭推动学生参与学校民主管理，我的

> 既然认可仲裁庭的存在，就应该遵守仲裁庭的裁决。仲裁庭有关学生议案的裁决是最终裁决，学校通常会接受。即便仲裁庭裁决不合理，学校也会通过申诉及多方沟通等方法解决问题，而不是强行推翻仲裁庭的裁决。

"话匣子"一下子打开了。

"仲裁庭裁决与学校决定不一致的时候很多。"海校长坦然地告诉我，"我认为，学校必须像保护自己的眼睛一样，保护学生参与民主管理的权利。其实，作为被告出庭的时候，我们会对学校的相关决定进行辩护，会从多方面给学生解释我们的意图，尽最大努力争取学生的理解和支持。经过这样的努力，学生基本上都会接受学校的决定。如果学生还不能接受，我们就改变学校决定，虽然学校的决定不一定不正确。但如果学生不能接受，还要硬性去做，教育的效果就会大打折扣。比如，关于学校统一购买书包的决定，仲裁庭裁决这不符合大多数同学意愿，我们就作了改变，尽管我们已经花了一定的费用请有关单位设计了书包的样式。我觉得，关于学生切身利益的事项，不存在正确不正确的问题，只存在想法一致不一致的问题。因此，一般情况下，我们不会推翻仲裁庭的裁决。当然，特殊情况下，我们还会申诉。比如，高二年级 800 多名学生（占该年级学生总数的 80%）签名反对在本年级进行文理分班教学。在仲裁庭辩论阶段，虽然我们反复解释，高二分科教学是各学校的通行做法，不分班教学，教学任务过重，无法面对高考，是迫不得已而为之的事情，但仲裁庭还是依据大多数学生的意见，作出了学校不得在高二进行分班教学的裁决。我认为，学生能提出这样的看法，说明素质教育已经深入学生的心灵，学校一定要正确对待，切不可强行改变。否则，我们以后开展任何教育活动都是无效的。于是，学校作出了暂不进行分班教学的决定。事后，我们先后多次召开家长座谈会，分班级召开学生代表会，与家长、学生进行多方面的沟通，让学生家长配合学校一起做学生的思想工作。当大多数学生理解了我们的意图后，我们提出申诉，仲裁庭撤销了原先的裁决。事后，带头联系学生签名的同学给我发来短信说，'校长，虽然学校胜诉了，我们败诉了，但实际上，学校和同学们都是赢家。这是学校民主的胜利，这样的胜利远远大于高考升学的成功。'我认为，这就是仲裁庭带给学生成长的终身影响。"

班级管理准社会化模式：让学生在自我教育中健康成长

参照社会管理模式，开展班级准社会化管理实验，是学生进行自我教育、自我管理、自我监督、自我完善的有效形式。

为促进学生的自我教育、自我管理、自我监督、自我完善，海校长提出了进行班级管理准社会化模式实验的设想。根据海校长的设想，学校学生会在广泛征集学生建议的基础上，经过认真研讨，制定了《班级章程》，规定了班级准社会化管理模式的运作办法。

《班级章程》对推行班级准社会化管理实验的班级机构及其职责作了规定，明确实验班级必须设立四个机构，分别是：班级学生大会、班委会、班级行为裁决法庭、《班级日报》编委会。

四个班级学生机构的职责分别是：

班级学生大会是班级权力机构，主要负责班级基本管理制度的制定，班级机构成员竞争上岗活动的组织，班级机构成员述职报告的表决和民主评议，以及班级成员提案的审议。班级学生主席是班级学生大会的召集人。

班委会是班级行政机构，其职责与原来的班委会基本一致。不同的是，班委会成员不再由班主任"钦定"，也不必对班主任负责，而只对班级学生大会负责。此外，班委会还有一项重要的职能就是落实班级学生大会的提案。班长是班委会负责人。

班级行为裁决法庭是班级裁决机构，受学校学生行为自律仲裁庭指导。这个法庭可以依照裁决制度，对违反班级管理制度的行为以及班级同学对干部的投诉进行裁决，并提出处理意见。

《班级日报》编委会是监督机构，不受班级其他机构的制约，拥有一定的新闻自由，负责对班级的各种行为进行监督和评价，并定期进行班级民意测验，发表同学提案。

事实证明，海校长的这一设想对于班级管理变革起到了积极的推动作用。在实验过程中，学生参与这一活动的热情极高。尤其是班级学生大会竞选干部时，许多学生对自己进行了分析、解剖，并作出当选后的承诺，希望大家给予信任；一些在主要班干部职位竞选中失利的学生，则反思竞选第一轮失利的原因，勇敢地参加第二轮甚至第三轮竞选；落选的学生则纷纷表示要重新设计自己的形象。

由于班级主要机构的成员由学生民主选举产生，各种规章制度由学生自己讨论制定，因此，学生一般都能自觉服从班干部的管理，自觉遵守班级制度。而受到《班级日报》监督和班级学生大会约束，班干部在处理班级事务时也能充分尊重大多数同学的意见，以民主方式进行管理。

德育活动的隐性效果更重要

"你的这项创意有点意思。能不能谈谈你的思考？"我还沉浸在海校长的叙述中，一时想不到该提什么问题，就随意问了一句。

> 班级是社会的细胞，是学生成长的小社会，让学生学会适应社会生活，就应该营造有利于学生成长的准社会化环境。

"当时，我只是想解决这样一个问题：学校生活与社会生活差距很大，学生在学校里应该怎样学会适应社会生活。"海校长看似漫不经心地说道，"我们的班子对这个问题很重视，进行了专题研讨。大家一致认为，班级是构成学校的细胞，是学生成长的小社会，这个小社会虽然与学生未来生活的大社会有所不同，但也并非完全割裂开来。让学生学会适应社会生活，就必须把班级营造成有利于学生成长的准社会化环境。于是，就有了这样的设想和实验。"

"这么看来，班级管理的准社会化模式，就是模仿社会管理的模式，让学生在参与班级准社会化管理实践中熟悉社会管理的方式，形成对社会管理的基本认识。这与你事前试图解决的问题还有不小的距离。"我感觉自己已经渐渐悟出了一些名堂。

"这要看你怎么去思考。"海校长似乎与我的想法完全不同，"社会生活包括的内容很多，社会管理就是其中的重要内容。适应社会管理，就必须了解社会管理的程序和规律，而亲身实践无疑是最有效的方式。我在想，为什么成人社会的法制意识不强，遇到问题不去寻求法律途径来解决，而是通过其他途径，比如上访来解决，除了司法执行不力等复杂的社会原因外，恐怕与我们从小到大被动接受、服从上级或领导管理，有了问题就寻找上级帮助解决的习惯不无关系。"

"除了让学生适应社会管理的方式外，这种实验还应该有更大的作用吧？"听了海校长的这一番话后，我紧跟着问道。

"是呀。"海校长肯定地说："这种模式更重要的作用在于，探讨学生进行自我管理的良性运作机制，激发学生参与管理的热情，培养学生的民主意识，提高学生的参与意识和解决问题的能力，让学生在准社会化的管理实践中，增强对社会生活的认同感和适应性，逐渐成

为一个现代社会的合格公民。事实上，它的运行过程就是学生进行自我教育、自我管理、自我提高、自我完善的过程。从这个意义上说，开展这个实验过程中的隐性教育效果，是实验班级面貌变化的显性效果所无法比拟的。所以，在开展这项实验时，我们告诉老师们，一定要特别关注过程的隐性教育功能，而不要过多地考虑实施这种模式的显性效果。当然，追求隐性效果并不意味着放弃显性效果。"

学生成长关联度：德育活动实效性的试金石

"你推出的两项德育改革举措，似乎与一般学校的德育工作方式有很

大不同。能不能谈谈你对德育工作的理解?"既然受到鼓励,我的提问就更直接了。

只有德育活动与学生成长紧密相关,德育活动才能为学生所欢迎,德育活动才能发挥应有的作用。

"德育存在的问题比较多,说的人太多,我也说不出多少大道理。而且说了起不了多大作用。"海校长看起来有点无奈,"我认为,德育必须跟学生成长紧密相连,必须为学生成长导航。从实际操作看,一般学校的德育效果不是十分明显,究其原因,主要是德育的内容和活动都跟学生的成长关联不大。作为基层教育工作者,我们对德育内容的改革难以把握,但可以谈谈学校德育活动的看法。一般来说,学校德育活动效率不高的原因,主要有两个,一是活动内容与学生生活差距较大,无法引起学生情感的共鸣,学生的关注度和参与度都不高;二是活动形式过于老套,不是学生喜闻乐见的方式,难以被学生所接受。我们推出的德育改革,从内容到形式都直接与学生的学习、生活相关联,因此我们的德育实效性很突出。"

【旁观者言】

成长的足音

一千个读者,就有一千个哈姆雷特。同样,什么是成长,不同的人有着不同的解读。本文试图通过创新德育促进学生成长的精彩案例及其分析,让读者自己去感受什么是成长,怎样的教育才能促进学生成长。

"德育必须与学生成长紧密相连,必须为学生成长导航。"虽然本文没有直接对学生成长进行教育学意义的解释,但却从学校实践的角度,展现了德育改革促进学生成长的实际成效,让我们听到了一代学子铿锵有力的成长足音,进而对学生成长有了更深的体会。

在这里,海校长以教育大时代的智慧找到了破解学校德育活动实效不高这一难题的有效途径。

活动内容与学生生活差距较大,无法引起学生情感的共鸣,学生的关注度和参与度都不高——怎么办?

德育活动形式过于老套，不是学生喜闻乐见的方式，难以被学生所接受——怎么办？

海校长的回答其实很简单，和学生一起走进这个教育大时代，和学生一起思考，和学生一起成长。

这里还有一个简单的转身动作。在困惑时，那我们就不妨躬下身来倾听，怀着谦卑正视，带着微笑赏识，沉下心来思考，满怀热忱行动。

于是，我们发现，教育中的许多难题，往往是因为我们背离了教育主体而自说自话所造成的困境。

个性化教育的大胆尝试

——一个校长的创新实践（2）

在全面推进德育改革的同时，海校长在教学领域里也进行了卓有成效的改革，对各学科实施分层递进教学，开设高科技基础知识选修课，在体育、艺术学科领域进行分类教育实验，培养了学生的探究精神，促进了学生个性特长的发展，成为学校层面落实因材施教理念的典范。

如果说海校长倡导的德育改革激活了全校师生的精神状态，成为展示学校活力的重要途径，那么他推进的教学改革则把因材施教的教学理念落到了实处，成为提高教学质量的有效手段。

分层递进教学：个性化教育的成功尝试

针对大班化教学难以落实因材施教理念的弊端，海校长经过反复斟酌、权衡利弊，提出了在各个学科教学中按照学生的学习层次全面实施分层递进教学的构想，并在认真调研、充分准备的基础上，组织学校有关部门把这个思路转化为一种教学技术，在全校各年段基础学科的教学中予以全面实施。

> 依据学生的学习层次和能力差异，在各个学科实施分层递进教学，为促进不同层次学生的发展提供了可能。

在全校教师大会上，海校长介绍了他的构想。他说，所谓分层递进教学，就是在各年级行政班保持不变的前提下，按照学生学习水平、能力倾向和学习目标的差异，把同年级同一学科的学生分成 A（基础层次）、B（普通层次）、C（提高层次）、D（特长层次）等层次的学科教学班，来组织教学活动的一种教学组织方式。

由于每个学生每个学科的基础不同，起始阶段各学科每个层次的教学目标是不同的，教师开展教学活动以本层次学生能够接受为基本原则，从而为促进不同层次学生的发展提供了可能。

学校规定，当学生的学习水平提高后，学校将根据学生个人意愿对层次班进行适当调整。如果学生觉得按照成绩分层对自己不合适，要求进入高层次班级学习，学校可以安排教师进行面谈，并根据面谈情况，对学生进行调整。必要时，对部分有不同想法的学生，学校也可以允许其暂时在高层次班学习，待学生本人感到不适应时，再调整回低层次班级。

为了强化对低层次班级的教学工作，学校尽可能考虑教师的教学适应性，把对学生有耐心、教育后进生有经验的教师安排在低层次班级教学，同时，考虑到最低层次班级学生教育难度大的实际，学校适当减少了该层次教学班的学生人数，并对这个层次教师的工作量计算给予适当照顾。

根据海校长的这一构想，每个学生在不同学科的层次班会有所不同。比如，某学生在这一学科可能在较高的层次班学习，而另一学科则可能在较低的层次班学习。这就必然给教学组织和管理造成了一定的困难。学校为此花费了大量精力，并通过层次调剂、学生分班和课表编排等，解决了教学组织难题，为实施分层递进教学扫清了技术障碍。

几年的实践表明，分层递进教学促进了不同层次的学生在原有基础上的进步，有效提高了学校整体的教学质量。

分层是公平的基础和前提

"分层教学？有点意思。与分快慢班教学会不会只是名称上的区别呢？"听完海校长的介绍，我头脑中产生了这样一个疑问。

"呵呵，两者之间的区别可大了。"海校长似乎看出了我的心思，说道，"首先是教学目标不同，分层递进教学着眼于促进不同层次学生获得进步，对后进生更加关注；而分快慢班教学则更多地考虑优生的需求，对后进生则往往采取放弃的态度；其次是分类方法不同，分层递进教学根据学生的学科基础和能力差异，进行合理分层，考虑了学科差异，而分快慢班教学则根据各科综合成绩进行分班，不考虑学科基础和能力差异；再次是对学生心理的影响不同，分层递进教学不会对各类学生的心理产生消极影响，而分快慢班教学则会让优生感到高人一等，让后进生产生消极、悲观情绪。更重要的是，由于学生在各学科的学习状态不同，因而他们在各学科的学习层次上也就会有所区别。按照'能力迁移规律'，学生在学习层次较高学科所获得的成功和能力上的提高，会促使、带动学习层次较低的学科发展、进步。"

> 分层递进教学与分快慢班教学有着明显的不同，前者的着眼点是促进不同层次学生的发展，而后者的着眼点是保证优生的学习。

分层教学

"分层教学不仅仅指学生分层吧，起码还应该包括目标分层呀。否则分层教学的目标很难实现。你能不能谈谈学校是如何进行教学实践的？"我就具体的技术问题求教于海校长。

"学生分层只是分层教学的基础工作。还应该包括目标分层、教学分层、训练分层、评价分层等内容。其中，教学分层最复杂，包括班级分配、课表编排和学生分班等大量具体的工作，一两句话说不清楚，你感兴趣的话，有时间我们可以进一步详谈。目标分层，由各年级备课组研究确定，并落实到各层次教师的备课过程中。评价分层又可细分为训练分层与考试分层。训练分层主要是根据目标分层要求，由低到高设计 A、B、C、D 四个层次的作业，各层次学生完成相应层次的练习，教师鼓励学有余力的低层次学生选做高层次的练习。考试分层主要体现在试卷的设计上，我们把试卷按必做题、选做题、挑战题三类进行设计，学生可以根据学科层次和学习能力选择合适类型的试题。教师按照各层次分值变化统计不同层次班学生的考试成绩，以激发学习兴趣，增强学习信心。"海校长耐心地解释道。

> 分层应该包括目标分层、教学分层、训练分层、评价分层，而不仅仅是目标分层、教学分层。

"现在我们国家强调教育均衡，分层教学会不会有违背政策之嫌？"我想海校长的改革不至于与国家的教育政策相抵触。

"呵呵，帽子有点大了，我们承受不起呀。"海校长笑着解释道，"我认为，均衡是指区域教育资源配置要均衡。对于一个具体的学校而言，均衡意味着公平对待每一个学生。但公平并不意味着绝对平等，绝不是平均使用教学资源。难道淡化甚至无视学生的个体差异，对不同层次的学生制定统一的目标，实施整齐划一的教学，就体现了教育公平？这样做，只会导致优生'吃不饱'、后进生'吃不了'，谁也无法在原有基础上成长。如果这样的话，大面积提高教育质量就只能是一句空话。我认为，从学校和教师层面看，起点公平应该指用积极、发展、变化的观点正确看待每一个学生，过程公平应该指选择适合学生的教育方法实施教育活动，结果公平应该指让每一个学生在原有基础上获得最大的成功。因此，实现教育公平的理想途径是个性化教育、差异化教学。但由于我们的学生人数较多，班额编排较大，个性化教育和差异化教学对我们来说难以变成现实。分层教学就是在现实条件下实现教育公平的有效途径。"

"唉，这么看来，小学校和教师个体很难实施这种教学方式。"我叹了口气，遗憾地说。

"我觉得，对待任何一种教育或教学方式，我们都应当学习其精髓。关于分层教学，我们不要拘泥于这种方式是否能现学现用，而要运用教学思想改造自

己的教学。比如，学校和教师可以研究教学目标的层次性和针对性问题，可以设计不同类型的学生作业，可以设计不同难度的试题让不同学生选做。必要时，可以允许优秀学生在课堂中自学，可以在课堂自学或练习时间里给后进生进行单独指导，等等。"海校长的一席话让我茅塞顿开。

高科技基础知识选修课：培养学生的探究精神

为适应现代科技社会发展的需要，强化对研究性学习能力的培养，海校长提出了对现有的校本课程体系进行整合，用科技含量较高的现代科技教育课取代传统的家政型劳技课的思路。

海校长在全校教师大会上强调："高科技基础知识选修课程以使用工具和操作设备为载体，以动手制作与探索研究为过程，以获得成品与获取结果为目标，是实施以创新教育为核心的素质教育的有效途径。"根据海校长的这一设想，学校先后建设了诸如扫描隧道显微镜、生物组织培养、高温超导、微型数控车床等高科技实验室，开设了创造与发明、扫

高科技基础知识选修课程以使用工具和操作设备为载体，以动手制作与探索研究为过程，以获得成品与获取结果为目标，是实施以创新教育为核心的素质教育的有效途径。

描隧道显微镜、生物技术、高温超导技术、全息摄影、地震测报、智能机器人、数控机床、药品试剂的分析与配置等高科技基础知识选修课。其中，创造与发明课的教学内容主要是创造与发明的基本知识和基本原理，获奖小发明作品的复制与小发明作品的创作等；高温超导技术课的教学内容则主要是高温超导材料的烧结、样品零电阻与交流磁铁化率的测量等。

下面是创造与发明课中一节课的设计思路：

课题内容：不等齿锯；

教学目的：通过本节课的学习，使学生进一步理解和熟悉发明的一般步骤：提出问题—收集信息—寻找方案—选择最佳方案—具体设计—动手制作—总结改进；

课时分配：两课时；

课件制作：运用 Authorware 软件制作；

教学安排：第一课时的任务是通过教师的演示提出问题，然后组织学生收集信息，并根据收集的信息介绍齿锯以及不等齿锯的发明思路，锉刀的种类、用途、结构和使用方法；第二课时的任务是在教师的指导下，让学生寻找制作齿锯的方案，并讨论形成制作不等齿锯的最佳方案，然后再运用教师提供的材料具体设计、动手制作不等齿锯，最后一起讨论齿锯修改的方案。

为了配合高科技基础知识选修课的开设，强化对学生的科技教育，海校长要求全校教师必须按"渗透"（在必修课中渗透科学教育因素）、"开发"（在选修课中开发学生的创新能力）和"促进"（在实践活动中促进学生创新能力的形成）三个层次，着力培养学生的科学探究精神，提高学生的创新能力。

学生探究精神和创新能力的提升，

高科技基础知识教育只是科技教育的一部分。强化科技教育，还必须在各个学科教学中按照"渗透"、"开发"和"促进"三个层次，培养学生的科学探究精神和创新能力。

为全面提高学生的重组能力、想象能力、联想能力、假设能力、推理判断能力、选择能力、求异能力（质疑能力）、批判能力、立论能力、概括分析能力奠定了基础，也进一步提高了学生的学习力，促进了教学质量提升。

从课程体系建构中寻找研究性学习能力培养的对策

"能不能再具体谈谈你们开设这些课程的思考？"我希望海校长能进一步介绍他们开设这些课程的想法。

"我们选择开设哪些课程，主要有五点思考：突出时效性；加强开放性；注重实践性；坚持灵活性；增强趣味性。"海校长稍加思考后告诉我。

接着，海校长对五个"性"逐一作了解读：

一是突出时效性。高科技基础知识选修课的课程设置和内容选择，必须紧密联系当前世界高科技发展的实际，选择高科技前沿领域中与中学各科教学内容有一定联系且与学生生活实际密切相关的课题。

> 开设高科技基础知识选修课，必须兼顾高科技发展的实际和学生学科知识学习的实际。

二是加强开放性。选择高科技基础知识选修课课题，既要考虑高科技知识的科学性，又要考虑如何激发学生的创新活力，从而使授课内容突破知识本身的限制。教学目标既要考虑整体要求，又要根据学生的差别，体现个体性。留给学生思考的问题，既要有对基本内容的要求，又要有一定的开放性，以便使学生能够围绕学习内容在课外自觉加以延伸。对学生学习情况的评价，既要考查对基本内容的理解、掌握情况，又要着重考查学生创新能力提高的程度。

> 开设高科技基础知识选修课，既要突破知识本身限制，又要关注学生个体差异，体现开放性。

三是注重实践性。高科技基础知识选修课的开设，一定要结合学校自身的实际，积极创设条件，增添有关设备，必要时设立专门的实验室，让学生亲身参与或体验高科技实践活动，从而激活学生的潜能，增加学生对高科技基础知识的感性认识，避免使高科技基础知识选修课理论化的倾向。

四是坚持灵活性。高科技基础知识选修课的课时数、开设时间和先后顺序，不受教学周期的限制，而是根据课程内容、实验设备、师资力量等客观条件灵活安排。内容受学生欢迎、与日常生活联系紧密的课程，适当多安排课时；

实验设施较好、师资力量较强的课程，先开、多安排。传授知识的方式或采用教师讲授、专家讲座等直接方式，或举办专题板报、放映电影或录像等间接方式。授课场所可以是学校实验室，也可以是高科技企业的操作车间。

五是增强趣味性。高科技基础知识选修课一定要在坚持科学性的前提下，加强课程内容的设计和筛选，使课程内容更具时代特色，更贴近日常生活实际，从而增强操作性，提高趣味性。学校要求教师，坚决摒弃把高科技选修课变成高科技知识灌输的做法，切实避免变相加重学生负担的行为。

"从你的叙述不难看出，开设这些校本课程不仅仅是为了适应现代科技的需要。能不能再谈谈你们为学生开设这些课程的目的？"我试探性地问道。

"你说得没错。"海校长肯定道，"开设这些课程更重要的目的是促进学生学习方式的变革，培养研究性学习能力，推动课堂教学变革和学校整体课程体系建构，并在学校整体课程体系建构中寻找培养研究性学习能力的对策。诸如，激活学生的思维及求知欲；重视隐性学力和非知识目标的培养；强化对质疑、假设、发现能力及信息重组能力的培养；使课堂提供范例的思路尽量多元；提高让课堂自然延伸至课外的水平和影响力；建立良好的课堂生态，提高学生思维的兴奋度；引导学生进行有创见的、超越课堂的学习，使知识物化和活化；鼓励学生挑战权威，并逐步学会自学，等等。当然，这些目标仅仅通过上述选修课程是难以达到的。"

"你们开设的校本课程不应该仅仅是这 20 多门吧。我的问题是，在高考压力和国家课程课时较多的情况下，高中阶段开设个性化、选择性的校本课程会不会存在时间不够的问题？"我担心海校长的设想会流于形式。

"你的担心不无道理。"海校长面带笑容说道："的确，我们的国家课程课时较多，而且管得太死，给学校开设校本课程的时间是非常有限的。很多学校为了应付考试，把仅有的校本课程时间也给压缩掉了。因此，我们开设选修课程

是有很大压力的，但我们不能因噎废食。我们唯一能做的就是，绝不增加国家课程的课时（这在很多高中学校无法做到），珍惜校本课程的有限课时。同时，把每节课的时间压缩到 40 分钟，从而每天增加一个课时，用于开展校本课程，增加学生的活动时间。如果我们的教育行政部门能够像其他一些国家和地区一样，仅仅控制总的课时要求和课程目标，给学校更大的自由，一定会大大推进高中学校的课程改革和素质教育。我们的各级教育行政部门应该在课程上为学校放权松绑。"

体育艺术分类教育：助力学生特长发展

为了加强学生个性、特长的培养力度，为学生终身持续发展奠定基础，在一定程度上解决学生走出校园、步入社会，便与体育、艺术告别的问题，海校长提出了在体育、艺术类课程教学中全面实施分类教学的

在体育、艺术类课程教学中全面实施分类教学，每个学生可以根据自己的爱好特长，选择学习相关的体育、艺术专项课程，学生对体育、艺术课程的学习兴趣大大提高。

设想。

开设体育、艺术专项课程，对体育、艺术类课程的教师的要求就与一般学校大为不同。为此，学校组织了专门的工作班子，对体育、艺术教师进行专项考察，并设法为这些教师创造合适的工作和生活条件。对于特长教育能力较强的教师，海校长还亲自进行考察。在海校长的感召下，一大批包括高等学校教师、退役国家队队员在内的专业能力很强的教师或教练加盟学校，为推进体育、艺术分类教育奠定了基础。

有了这批人才的加盟，体育、艺术分类教育就逐渐由设想变成了现实。于是，学校在体育方面开设了足球、篮球、乒乓球、橄榄球、棒球、太极拳、刀术、剑术、艺术体操等选修课，在艺术方面开设了小提琴、钢琴、小号、古筝、国画、版画、作曲、指挥、声乐、合唱、舞蹈、油画等课程。

在课程的组织形式上，一个年级同时上体育、艺术类课程，学生按照事先申报的项目，分头在相关的教学班上课。上课时，任课教师在完成教学大纲规定的基本任务后，便开始相关的专业课程学习。

对于体育、艺术专修项目，学校不只是为了让学生活动活动，而是对他们进行有倾向性的培养和相对专业化的训练。因此，学生学起来很有兴趣，甚至在考试前紧张的复习阶段，学生也不愿意停止训练。

没有体育、艺术特长的人，就是现代意义上的文盲

"学校体育、艺术课'放羊'现象较为严重。推进分类教育的举措，一定会有效解决这个问题。"我非常赞赏海校长的改革。

"如你所言，'放羊'现象确实在体育、艺术类课程中较为普遍。"海校长有点无可奈何地说，"究其原因，一是这两门课程内容的同质化太

严重，从高一到高三的学习内容差别不大，不考虑学生的兴趣、爱好、特长；二是学校和这两门课程的教师对课程学习不重视、不认真。分类教育尽可能地满足了学生的兴趣、爱好，学生当然会喜欢，也从一定程度上解决了'放羊'问题。我觉得，关键的原因还是教师的业务素质不能支撑学生爱好、特长发展的需要。一般来说，我们的体育、艺术类教师都是'通才'，什么都会一点，什么都不够专业，根本无法对学生的特长、爱好进行专业性指导。虽然也有少量教师是体育、艺术类院校毕业的'专才'，但由于学校没有实施分类教育，他们在与其专业不一致的、专业性较强的课程内容上就无法进行有效的教学。这也是目前校外中小学体育、艺术辅导机构比较繁荣的原因之一。我想，如果我们的中小学都能进行分类教育，都能为孩子们的特长、爱好发展进行有效的指导，孩子们会少走很多弯路，也能有效提高体育、艺术类课程的教学质量。"

> 体育、艺术课程效果不佳的重要原因有两个方面，一是教师都是"通才"，其业务素质不能支撑学生爱好、特长发展的需要；二是课程设计不能满足学生爱好、特长发展的需要。

"开设这么多专业课程，教师的需求量很大。你们是如何解决这个问题的？其他学校能够模仿吗？"我对他们解决分类教育师资问题的方法很感兴趣。

"是的。我们对体育、艺术类教师的需求量比其他学校大很多。当然，也与我们学校规模较大有关（我们采取高中三个年级通盘使用体育、艺术教育的做法：即每一个老师都要负责高一到高三的一个专项的教学任务）。规模较小的学校根本无法开展这项活动。"海校长若有所思后，接着说，"我觉得，如果区域教育行政部门统筹考虑，比如一个片区内距离相近的学校统筹考虑体育、艺术教师资源，统一安排授课，也能推进此项教改实验。当然，最重要的还是要有分类教育的意识。特别是现在，其他学科的很多教师有这些方面的爱好、特长，可以考虑让他们为分类教育做一些贡献。"

"为什么你对体育、艺术教育这么重视？除了发展学生的个性、爱好、特长外，还有哪些考虑？"我寻根究底地问道。

"除了贯彻国家教育方针，推进素质教育外，加强体育、艺术教育，还有其他多方面的意义。现在有很多这方面的专门研究，我就不用多说了吧。我只想提一点，人没有体育、艺术特长，就是现代意义上的文盲。在现代社会，体育、

艺术越来越成为人们交流的工具。如果一个人没有体育、艺术方面的特长或与此相关的知识不够丰富，就很难与别人进行沟通交流，甚至可能会觉得自己很另类。"海校长的回答似乎很有远见。

批判"杜郎口现象"？

"想和你探讨一些题外话，不知可否？"还没有等海校长认可，我就谈了起来，"据我了解，很多同人对你们的名校之路不是很认同。他们觉得，媒体在学校发展过程中作用过大，或者说，你们学校成为品牌与媒体炒作有很大的关系。你怎么看？"

"没想到你也会问这个问题。"海校长显得很无奈，但还是跟我谈了自己的想法。他说："提出这个疑问的人，首先应该想一想，为什么媒体会关注我们的改革？我想这是因为教育中存在的问题太多了，太需要改革了。我一直认为，媒体记者经常深入基层采访，他们对社会发展的敏锐性很高，对教育与社会发展的看法也有很多见解。因此，我喜欢与新闻界的朋友打交道。也许是因为物以类聚吧，新闻界的朋友也喜欢和我来往，对我们改革的关注度很高。如果我们不改革，不正视教育的问题，媒体的宣传一定会少很多。我想，如果媒体从正面多宣传教育改革，多鼓励学校变革，那就为我们的教育改革创造了更加有利的舆论氛围，

这是好事呀！何乐而不为？"

"还有一种现象，很多学校利用媒体的软广告，被媒体炒火了。你怎么看？"我从另一个角度继续与海校长讨论。

"我曾经想写这样一篇文章，叫'杜郎口现象批判'，想专门探讨媒体和教育的关系。我说的'杜郎口现象'，是指基层学校的改革，不是被教育行政部门或高等院校、教育研究机构所认可，而是由于媒体的宣传而广为传播。需要说明的是，我不是要否定杜郎口中学等学校的教育改革。此外，这里的批判是指评论，而不是批驳、否定。后来，因为标题太显眼和时间不够等原因，最终没有写。"

"能不能给我透露一下你的主要观点？"好奇心驱使我提出了这个问题。

"既然你这么想知道，我就简要谈谈我的几个观点：一是为什么对这些经验我们的教育权威机构和有关的教育专家会集体失语？我理解，从正面看，是他们没有对这些经验进行实地研究和考察，怕说出来遭到反击。从负面看，是他们对这些草根经验不屑一顾。

二是为什么媒体对教育的宣传会有如此大的作用？我理解，从正面看，那是我们的教育问题太多，需要改革的东西太多。从负面看，那是一些人希望标新立异或急于出政绩、出成果。三是学校该如何辨别媒体宣传的相互对立的经验？我理解，一方面，学校应该抱着海纳百川的心态，不论是否对立，都应该欣赏别人好的方面。另一方面，应保持怀疑精神，就是横挑鼻子竖挑眼，以批判的眼光看待对方，不轻信媒体的宣传。如果学校有新鲜经验、有改革成就，利用媒体软广告进行宣传，无可厚非。毕竟这样的软广告是一种面向大众的教育知识普及，是对教育经验的张扬。然而，事实上，很多学校不是利用媒体宣传新鲜经验或改革成就，而是在变相宣传应试教育，这样的宣传或者叫炒作只会适得其反。"海校长对这个问题的看法确实非同寻常。

"你们学校成为品牌学校的时间也太短了。"这句话一出口，我就觉得有点过于尖锐。

"不少专家认为，成为一所品牌学校需要十年时间。从这个意义上讲，我们学校三年为社会所认可，时间确实短了点。"海校长并不刻意回避这个话题，"然而，如果我们按部就班，和其他学校一样抓高考、抓升学率，不要说三年，

> 如果一所学校按部就班抓升学率，在现有条件下，很难在短时间内成为品牌学校。

十年我们也不能被社会所接受。因此，我们三年能出现这样的局面，除了与我们的改革创新分不开，更重要的是我们敢于直面教育问题，敢于挑战传统学校发展的规律。"

【旁观者言】

因材施教是一门大学问

从教育方式的意义上讲，整个教育学可以浓缩为一个关键词，就是因材施教。

因材施教构成了我们今天所倡导的个性化教育，即基于以学习者为中心，以适应学生的个性发展和满足学生多样化学习需要为出发点，根据学生的个性特点制定教育目标和教育方法，尊重差异，关注每个学生独特的学习方式，通过转变教育方式，有效整合教育资源，满足学生多样化学习需要，以达到预期教育效果的教育理论和实践体系。

反过来说，个性化教育如何做到因材施教呢？海校长的探索无疑给我们以启迪，那就是根据学生的学科差异和能力差异，实施分层递进教学。正如海校长所说："按照能力迁移规律，学生在其能力层次较高学科所获得的成功和能力上的提高，会促使、带动其能力层次较低学科的发展、进步，从而使他们的学习进入自我选择与设计的主动状态。"

然而，仅仅有这些努力还远远不够。突破班级授课制整齐划一的教学局限和狭隘的学科教学观点何其难也，所以，文中的最后一句话显得

弥足珍贵："因此，我们三年能出现这样的局面，除了与我们的改革创新分不开，更重要的是我们敢于直面教育问题，敢于挑战传统学校发展的规律。"

挑战学校发展的规律固然难，但其实尊重教育规律更难，海校长的诸多做法就其根本而言，实际上是在尊重教育规律，其实也就是回到因材施教，为每一个孩子提供适合的教育。

发现爱的"支点"

　　一百所学校就有一百种爱的教育。易校长以爱的约会为起点，带领全校师生"讲述爱的故事"，形成了学校爱的支点，会聚成爱的力量，支撑起学校发展的强大动力，使整个校园成为实施爱的教育的乐园。

易校长虽然年近花甲，但精神矍铄，充满爱心。

走进易校长所在的学校，扑面而来的是和谐温馨的爱的气息。举行爱的约会，讲述爱的故事，履行爱的诺言，创造爱的奇迹，形成了这个学校爱的支点，凝聚成撬动学校整体变革的力量。

"爱的约会"，让师生懂得去爱

"爱的约会"是学校领导、教师、学生、家长之间沟通、交流的重要方式。几个典型案例充分说明，通过这种民主、平等的方式，学校的矛盾可以化解于无形，困难可以消解于无形，教育可以渗透于无形。当然，任何方式都有其局限性，约会也不可能代替制度管理。

"我和校长有个约会"在这所学校是一句流行语，也是这所学校多年形成的领导、教师、学生、家长之间平等沟通、真情交流的学校文化的重要体现。

2008年上半年的某一天，一个二年级学生走进易校长办公室，还未开口，就已经泣不成声："校长，我成了没人要的孩子了。"见状，易校长给孩子擦干眼泪，摸着他的头，亲切地说："孩子，别哭，有什么事跟校长慢慢说。"孩子告诉校长，昨晚他的爸爸妈妈躲在房间里吵架，还说要离婚。如果爸爸妈妈真离婚了，他不就成了没人要的孩子了吗？易校长在安抚了孩子的情绪之后，立即约来孩子的爸爸妈妈，和他们一家来了一次"爱的约会"。约会解决了孩子的担心，也教育了孩子的爸爸妈妈，这个孩子从此把易校长当成了最好的"朋友"。

在学校校门的显眼位置，挂着一个校长信箱。信箱旁边，有一张温馨提示：有什么话需要跟校长说吗？有什么事需要校长帮助吗？请约定时间和地点，校长期待着与你"约会"。

每年的"五一"、"十一"长假过后，学校的每个班级都要组织一次所有家长、学生、老师的"面对面·爱心大约会"活动。每一次"面对面"活动，学校都有鲜明的主题，如"迎接奥运，做文明的城市人"、"爱读书的家庭真美"、"夸夸我的爸妈（孩子）"等。2011年10月的活动主题是"学习方法大家谈",教师、家长和孩子们围绕着"自主高效"、"轻松愉快"、"切实减负"等话题,深入交流,各抒己见。虽然学校规定,这样的约会家长们可以自愿参加,但每一个家长都不肯错过这个难得的学习交流机会。

"因为每次约会,学校都特别尊重我们的想法,让我们畅所欲言,我们没有压抑的感觉,而且每次还能从活动中收获很多育儿的方法和经验。参与这次活动,我们对高效与'减负'的关系了解得就更加深入了。"四年级一位学生家长自豪地说。

"学校的事情大家做,大家的事情我来做"是易校长常说的一句话。不但家长和学生可以与校长约会,教师碰到什么困难或者有什么想不开的事情,也会找个时间与易校长约会。比如,小孩上学的问题、老人生病就医的问题、家长的不理解、顽皮学生的教育,甚至家庭的纠纷与情感问题,等等,老师们都会与校长约会,寻求校长思想上的开导、行动上的支持。

小刘是个刚毕业不久的男教师,女朋友因为他的收入不高买不起房子离他而去,他心里十分难受。几经思考,他给校长信箱放了一份约会的邀请书,令他吃惊的是,两天后,易校长给他打来电话:"今晚你有时间吗?我可以赴你的约会了。"听完小刘的诉说之后,易校长这样说道:"虽然惦记着你没有成家,一直想着与你和你女朋友一起约会,但因为自己不细心而忘记了。现在还有没有挽回的余地?"得知没有挽回的余地后,易校长像妈妈一样安慰小刘:"孩子,一个不爱你的人离你而去,是你的幸运。作为长辈,我在这件事上没有尽到责任,请你谅解。你这么优秀,一定会找到自己的真爱。你放心工作,我会尽一个长辈的责任,尽量帮你找到合适的对象。"易校长说到做到,半年以后,在易校长的撮合下,小刘找到了自己心仪的另一半。

"约会吧"是学校很有特色的一块心灵小天地,房顶是透明玻璃,没有门,也没有墙壁,里面摆满了茶几和椅子,茶几上面摆着鲜花,显得十分温馨。"约会吧"建成不久,学生小雨就通过纸条约请班主任邓老师到这里"尝鲜",在向老师倾诉衷肠的同时,与老师一起分享自己的进步和快乐。

渐渐地，"约会吧"成为孩子、教师乃至家长最喜欢的场所。孩子们在这里相约，相互解决学习疑难，交流心得体会；老师们在这里相约，一起探讨生活中的困惑、教学上的疑难；家长们在这里相约，共同商量怎样更好地服务学校，当好老师的帮手；学校领导、教师、家长、孩子在这里相约，促膝谈心，以心换心，以爱育爱，矛盾化解于无形，困难消解于无形，教育渗透于无形。

把爱的元素根植在孩子们的心中

"约会是恋人之间的交往方式，用这样一个美妙的词汇来定位校长、教师、学生、家长之间的交流，真是一个绝妙的创意。"我向易校长伸出了大拇指。

用"约会"来定位学校人际交往，是以人为本的理念在学校管理中的具体体现。

"你说得没错。"易校长笑道，"之所以我们把学校人际交往方式用约会来定位，是因为对于约会双方而言，任何一方都是平等、自愿的，都必须相互尊重、相互信任，它彰显了现代教育理念。以往校长要和教师谈话、教师要找学生谈心或找家长交流，会以命令式的口吻，要求对方在特定时间到办公室来。改为约会后，就必须以商谈的方式约请对方，对方可以礼貌谢绝，也可以要求更换时间、地点，这就满足了约会双方的需求，也从人格上体现了对对方的尊重。比如，以往教师不能拒绝校长谈话的要求，校长也想当然地认为，教师应该无条件服从。改为约会后，教师拒绝或要求改时间、地点就理所当然，校长也不会因为教师拒绝或更改要求而感到丢了面子。"

"在具体实践中，有没有教师拒绝校长约会或要求改时间、地点的实例？有没有家长拒绝教师约会或要求改时间、地点的实例？"我的眼睛紧紧盯着易校长。

易校长微微笑了笑说道，"既然我们规定这是约会，一定会有很多这样的实例。遇到这种情况，双方也都能理解，都不会觉得不正常。当然，开始时，教师甚至包括我自己都不是很习惯，但慢慢的大家就都习惯了、接受了。现在要教师来办公室谈话，我会事先看看对方是不是上课或有其他工作任务，尽量避免爽约的尴尬。"

"从深层次上讲，约会在学校文化建设中的作用不可小看。"我进一步说道。

"是的。"易校长接着说，"每一次校长跟师生、家长的谈心，每一次师生之间的交流，每一次教师和家长的对话，都是爱的约会，都是温馨、美好时光，都让矛盾化解于无形，都把民主、平等、尊重、信任、真诚这些爱的元素根植在了孩子们的心灵中。因此，我认为，我们学校爱的约会是爱心的互动、真情的沟通、信息的交换、快乐的分享，它所彰显的是'人同此心，心同此理'的体验式人际关系文化，让教师、家长和孩子在'心的互动'中，和爱一起成长。这种人际关系文化是学校文化建设的核心内容之一。只有人际关系和谐了，建设和谐校园才有保障。"

"爱的故事"，让师生真诚去爱

每学期，易校长都要给全校各年级的教师、家长和孩子分别做一场"爱的故事"的报告会。"心脏病妈妈快跑救子的故事"、"藏羚羊为保肚子里的孩子向猎人下跪的故事"……一个个感人的故事，一滴滴滚烫的泪水，滋润着每一个师生的心灵。

"易校长的故事大都来自学生的生活实际，故事的主角都是身边活生生的典型，为校园播撒着爱的种子，让孩子们找到了身边的榜样，使整个校园成为'爱的故事'的发生地，流淌着爱的暖流。"小徐老师由衷地赞许道。

易校长不但讲学校里发生的学生、老师的爱的故事，而且用自己爱的行为为孩子们作出表率。小王同学一出生就患上了肾衰竭，每天靠注射药物维持生命。出生后不久，父亲去世，年幼的他与下岗的母亲生活上断了来源，一直靠社会救助和义工的帮助。当知道小王的病情可以通过换肾得到治疗后，易校长开始到处筹款。她先是组织学校师生捐款，接着积极与义工组织、派出所、爱心人士联系。开市人大会议的时候，她还把小王的情况反映给其他代表，向一切可能提供帮助的人求助。那段时间，她仿佛着了魔，逢人便讲。终于，在她的奔走之下，救命的巨款筹集到了，小王的换肾手术得以成功进行。

学校教导处章老师说，她怀孕期间，班上的孩子一个个摸着她的肚子和宝宝聊天，孩子们还暗地里偷偷策划一堂班会课，给宝宝取各种各样有趣的名字，那种亲切与感动至今难忘，那种惊喜和快乐无与伦比。2009年，她两岁的儿子生病的那段日子，她不得不学校、医院两边跑。就在这一年的某一天，她一走进教室，讲台上放着一杯奶茶，旁边的小纸条上写着："章老师，您瘦了，喝杯奶茶补充能量吧！"那节课，她是含着泪上完的。那节课，是她人生中最幸福的一节课。

也许是易校长的故事引发了教师的行动，也许是孩子们的行为激活了教师的爱心，教师们纷纷成为校园爱的故事的主角。

流感肆虐期间，六（7）班停课了，班主任小刘老师也患病了。生病中的小刘老师，每天都惦记着她的学生，时常通过短信与家长互动，嘱咐孩子们别落下功课，嘱咐孩子们要注意身体。

六（6）班班主任林老师为了孩子们的健康成长，日复一日辛勤着、奔波着，患上"腰椎间盘突出"职业病，但为了孩子，她依然坚持工作。

一个个爱的故事激活了每一个孩子的心灵。孩子和家长们不但享受着爱的故事带给他们的幸福和快乐，而且逐渐成为爱的故事的主角，使整个学校成了演绎具体、生动、美丽的校园故事的精神家园。

班主任杨老师上课时，头上不停地冒着虚汗，细心的小魏同学看到后，给老师端上茶水，递上毛巾，让老师心头暖洋洋的。

家长李医生准备下班时，看到学校一个熟悉的老师在排队候医，便不由分说，让老师到办公室安静休息，自己主动为老师排队。

……

身边的榜样教育效果更佳

"很多学校特别是小学都把爱的教育作为办学理念。但具体实施起来，好像缺少有效的载体。你们在全校讲爱的故事，是出于何种考虑？有没有形成机制？"我钦佩地望着易校长。

"爱的约会播撒爱的种子，爱的种子萌发之后，一定会产生爱的故事。"易校长似乎没有直接回应我的问题。

> 有效的管理机制总是在一定的实践基础上产生的。"讲述爱的故事"来源于实践，因此一定会有旺盛的生命力。

稍许，她进一步解释道："当初，我们并没有什么特别的考虑，就是希望老师和家长们能用身边的案例教育孩子。久而久之，我们发现，身边的故事对孩子的教育效果更大。于是，我们制定了相关的规定，从而使'讲述爱的故事'成为一种常态化的机制。"

"怎么成为常态化了？能不能简单介绍下？"我望着易校长问道。

> 由主题班会到升旗仪式，再到分年级家长会，"讲述爱的故事"有序展开，成为学校教育的常态形式，使整个校园成为爱的乐园。

"我们通过三个渠道使'讲述爱的故事'成为常态：一是每周每班的主题班会，全班同学分享上一周发生在他们身边的爱的故事或他们收集的在全国有影响的爱的故事；二是每周的升旗仪式，由一个或几个学生讲述上周全校最引人注目的爱的故事，这成为我们学校一个庄严的仪式，也使孩子们学有榜样；三是每学期分年级的家长会，由我给家长讲述发生在孩子们、

老师们和家长们中间的爱的故事，通过与师生乃至家长分享爱的故事，引导、教育家长学会教育孩子。通过这三个渠道，整个校园都在讲述爱的故事，使学校成为流淌爱的乐园。"

"你每期给每个年级的家长讲述不同的爱的故事，需要收集很多的案例吧？这个工作量可不小呀！"我惊叹道。

"工作量确实不小。但我认为，这样的工作是我们教育家长最有效的办法，也是爱的教育的最有效的途径，所以累点又算得了什么。"易校长微笑着说道，"比如，我给家长们讲老师处理孩子打架的故事，当听到由于老师非常艺术

地处理，挨打的孩子主动先道歉，双方和好如初的情节后，几乎每个家长都感动得热泪盈眶；再比如，一个母亲和她的孩子的故事，母亲要求让孩子母亲节跪着给自己洗脚，孩子反驳妈妈说为什么你不给姥姥洗脚，母亲听到孩子的质疑后，当着孩子的面给自己的妈妈洗脚，孩子进而受到教育，家长们听了这个故事后脸上露出了会意的笑容。"

"爱的力量"，让校园绽放异彩

一个个爱的故事催人泪下，感人心怀，会聚成支撑学校发展的强大力量，推动着学校的教育变革。

作为提升与展示教师综合领导力的平台，立体说课就是学校变革实践中形成的一种课堂研究方式。"所谓立体说课，是指说课者的说课内容和形式是三维的，参与的对象既有本学科的，也有非本学科的，同时是全方位多层面的，活动的效果也是立体多赢的。这样的说课，必须基于'以学定教，因需施教'的原则，着眼于每一个孩子的成长，这才能体现爱的本质。"易校长说。

一位数学教师参加了语文古诗词解读课的"立体说课"活动后，发出了这样的感慨："不知不觉我似乎和孩子们一起被教师那柔美的声音、感伤的语气带进诗词的意境中，充满着哀婉的情绪，而委婉的转折又把我们悄悄带回了现场。太美妙了！教师居然可以用语音、语调把内容、知识、情感传达得这么淋漓尽致，以情感激发学生的热情。此时，我深受启发，想到自己在课堂上也可以将激情引导作为问题设置的切入口。"

本着因需施教的原则，按照突出重点、彰显个性、真实客观、言之有物等要求，学校组织各班级开展综合情况诊断分析活动，班主任、年级组长侧重分析课间纪律及师生关系、学习态度、学校活动参与情况等学生的日常行为，各科任课教师则侧重分析学科教学情况及效果，以及每一个学生的学习态度、学习能力、课堂表现、学业成就等，从而为一切从学生的需要出发开展学校教育教学活动的理念的落实奠定了基础。

在实践爱的教育理念中，该校逐渐形成了"五美六会，全面发展"的学生成长目标（五美即作业书写美、语言表达美、仪表大方美、行为举止美、思想境界美，六会即会生存、会做人、会学习、会健体、会审美、会创造），并要求将此落实到每一个学生身上。为此，学校制定了"五美六会"的十一条具体实施意见，从形式到内容对年级、班级及教师如何实施作出了详细、明确的要求，体现出学校对每一个学生成长的关爱。如"行为举止美"这一条，除对师生的"仪"和"表"提出明确要求，还规定了每月10句的行为举止美用语，以及通过"仪表美流动站"对拥有仪表美的师生进行表彰。再如"会学习"这一条，除了规定教师要针对不同的学生因材施教，指导学生实现由被动学习到主动学习的转变，还要求教师研究学生的个性和学习规律，对学生进行学科学习方法、规律、策略的指导。同时，还建立了以学生为主体的学习评价制度。

成立于2006年3月的"四点半少年军校"，是学校实施"1357工程"的产物，由学校家教会联合片区街道办和武警中队共同创办，目的是培养学生良好体形、强化身体素质，同时也解决了部分家长四点半放学不能按时接送孩子的困难。新华社、中央电视台等国家新闻媒体先后对该校的"四点半少年军校"进行了专题报道。

"1357工程是推进家校联合战略，实施学校爱的教育的重要组成部分。"易校长解释道，"1"就是学校对家教会的一个工作原则：到位不越位，参与不干预，齐心谋发展。"3"就是家教会工作的三个基本目标：参与学校管理，共商发展大计；参与班级管理，为班主任分忧解难；提供义工服务。"5"就是家教会由5个事务部门组成：文书秘书部、康乐文体部、学术研讨部、义工服务部、校外联络部。"7"就是"家教会"有7项独特的德育校本课程：家长论坛，亲子教育活动，家长、教师、学生面对面，义工服务，"四点半少年军校"，心理健康教育活动，家长会与家长培训。

"'1357工程'赋予家教会参与学校管理及校本课程的独特权力，从而动员全体家长参与到学校教育教学活动中来，使全体家长都能为学校发展贡献力量。"学校家教会主任兴奋地说。

一个个爱的故事会聚成支撑学校发展的强大力量。因为有了爱，"以学定教，因需施教"成为可能；因为有了爱，"五美六会，全面发展"成为现实；因为有了爱，"1357，家校联合"成为品牌……

管理艺术放大爱的力量

"由约会，到发生故事，再到形成力量，真的就像男女间的恋爱。学校管理的艺术在你的身上得到了充分体现。"我再一次赞扬道。

"学校管理是一门技术性很强的工作，探讨的专家比较多。但人们往往更关注管理的科学化、制度化、流程化。"易校长似乎话中有话。

科学管理与艺术管理的完美结合，才能使管理由必然王国走向自由王国。夸大其中任何一种的作用，都会降低管理的效能。

果不出我所料，还没等我回过神来，她接着说道："科学化、制度化、流程化在学校管理中都很重要，但我觉得，这些只能保证管理的底线，也就是说，只能保证实现管理的基本要求。我个人认为，提高管理效能，必须提高学校管理者的管理艺术水平。只有这样，学校管理才会由必然王国走向自由王国。"

"能不能谈谈你对学校管理艺术的认识？"我接过易校长的话题问道。

"这可是一个高难度的问题。我说了一句，没有想到你会刨根问底。"易校长笑道，"既然你提出来了，我不妨谈谈自己的看法。"

接着，易校长从六个方面谈了自己对学校管理艺术的看法。

第一，把理性转化为现实。学校管理的理性认识根源于学校的现实，又具有一定的超前性，有时可能与学校现实存在一定的差距。因此使理性认识在管理实践中逐渐成为现实，是校长的首要工作。实现理性认识向现实的转化，必须经过科学的论证和规划，进而使校长的理性认识成为下级管理人员及其他教职员工的共同认识。

> 校长对于管理的理性认识往往来源于实践，又高于实践，把这种理性认识转化为师生的共同认识，才有可能使理性认识变成实践。

第二，使合理逐步可行。合理并不是一成不变的、绝对的，而是可变的、相对的。合理的不一定是可行的，可行的可能会有不合理的成分。管理者对合理要辩证地看待，既不要因为过去合理现在依然效法，或因为在其他学校合理，就马上移植到自己的学校，或因为现在合理就不去思考以后的管理思路，更不要因为合理具有相对性，就否定其科学性而不采取相应的策略加以正确对待。同时，要积极吸纳可行中的合理成分，摒弃可行中的不合理成分，使可行更合理。

> 正确对待合理和可行的关系，是校长管理艺术的试金石。既不要因为合理，就一定要施行，也不要因为可行，就不去考虑其合理性。

第三，让形式为内容服务。表面上、形式上的文章固然好做，也可能会激发大家的兴趣，但取得的效果可能是虚假的，因此形式为内容服务应该成为学校管理者时刻谨记的原则。对教育改革采取"新瓶装旧酒"的态度更是一种典型的、严重的形式主义。造成这种现象的原因恐怕与管理者自身的素养不无关系。

> 形式主义害死人。学校的一切工作都不能为形式而形式，都要考虑将形式融于内容之中。

第四，常规未必落后。管理发展有以下几个特点，一是每一种管理认识都与本阶段的实践需要基本吻合，二是先进的管理方法都是基本管理内容不断发展、完善、深化的产物。因此，常规管理是学校管理的基本内容，是任何学校不可回避的管理内容，忽视常规管理或把常规管理一概视为落后、老一套而嗤之以鼻，只会给管理带来更大的失误。管理的先进性在于它的能动性、适应性，优秀的管理者对各种先进的管理方法都会采取积极的态度，都会在稳定的基础上循序渐进地加以推广、运用。

> 常规不是故步自封的代名词，创新是在常规基础上的创新。没有常规，就不可能有真正的教育创新。

第五，离奇往往孕育创新。在工作中，学校管理者经常会遇到一些不合时宜的观点、离奇的想法。其实，这些离奇的想法、不合时宜的观点，有可能是具有创新意识的观点，有可能代表未来发展的潮流。通常情况下，水平越高、经验越丰富的管理者，越容易形成思维定式，使自己的思维沿着固定轨道进行的推动力就越强，越难以接受与自己想法、观点不一致的新的想法、观点，而将其斥之为离奇。因此，学校管理者越是工作取得成绩的时候，越要注意倾听不同意见。只有这样，管理者才能不断打破思维定式，改变思维惯性，发现思维漏洞，甚至可能会使自己从另一个侧面受到启示，解决自己无法解决的问题，为本来看似难以突破的工作难点找到突破口，从而使工作取得飞跃性进展。

> 正确对待离奇，才能推动创新。管理者要克服管理思维定式，正确对待教职工的离奇想法，注意倾听不同声音，才能做到兼听则明。

第六，正确对待传统。传统之所以会长期保留而成为传统，是因为其中有正确、先进、积极的成分，但传统也有相对性，也有其错误、落后、消极的因素。因此，对传统加以辩证地扬弃，才会使传统的优势得到更大的发挥，劣势得到最大的抑制。先进的管理认识或者是在传统管理经验的基础上发展起来的，或者是在对传统经验不足之处的反思过程中逐步形成的，或者是对传统经验里的落后成分的批判过程中

> 传统并不意味着落后，没有传统就无所谓先进。在正确对待传统的基础上，融合先进的管理理念，才能使管理立于不败之地。

产生的，从这个意义上讲，没有传统就无所谓先进，对传统的抛弃就意味着对先进的变相否定。

最后，易校长总结道："学校管理艺术就是学校管理者对待一些与学校前途有关的原则问题的态度和处理办法。正确对待并处理之，则人聚校兴，否则，会人走校殇。"

【旁观者言】

从蒙台梭利到易校长

蒙台梭利是写进教科书的大教育家，因为爱的教育；易校长是一位值得尊敬的女校长，也是因为爱的教育。

更早一点，据说创立了爱的教育理论，并且作为一位充满人类之爱的教育改革家——19世纪瑞士教育家裴斯泰洛齐是在外国教育史上第一个真正实践教育爱的教育家。他的名篇很有意思，都是关于人与人之间的关系的。比如《林哈德和葛笃德》《葛笃德教育她的子女》等。

裴斯泰洛齐追求"简单"。他认为，教育过程是从一些最简单的、为儿童所理解的、易于儿童接受的"要素"开始的，这个核心要素从情感角度可以理解为爱。爱是从母亲对婴儿的爱以及满足其身体需要的基础上产生的。当婴儿得到母亲的照顾、关怀和帮助，爱和信任的情感就会在孩子的心中萌生和发展。从对母亲的爱，很快扩展到那些与母亲亲近的人身上；在爱母亲和亲人的基础上，扩展到对周围邻居的爱，最后直至爱全人类。随着这种爱的进一步发展，一个人的道德力量逐步得到形成。

除了上面这位大家的爱的生态链理论，距离我们教育人更近一点的，也是我们教育人更为熟悉的苏霍姆林斯基，则以他的《爱的思考》和亲身践行感动了更多的人。

此外，被公认为人生成长中的"必读书"的亚米契斯的《爱的教育》一书中，通过一个小学四年级学生写的日记，抒发了人类最伟大的情感——爱，本书讲述了无数个发生在学校和生活中的小故事，它们告诉我们的小读者：还有比学习知识更重要的东西，那就是对祖国、对家乡、对人民、对父母、对师长、对同学、对周围所有人的爱与尊重。

教育的起点是爱，而教育爱需要寻找自身的支点。大教育家们为我们描画了爱的蓝图，但路线图需要我们自身践行，施工图尤需匠心独运。

教育要有爱；教育要会爱；要让受教育者感受到爱。这就是易校长们爱的路线图。站在大时代的前沿，起点是爱，终点也是爱，传递和贡献成为一条爱的生态链。

回到苏霍姆林斯基吧。他说："我的生活中什么是最重要的呢？我可以毫不犹豫地回答说：热爱孩子。"

学校管理"怪才"

邢校长是个管理怪才，在学校管理中创造了一系列新做法：教师安排的意愿组合制、教学评价的"三参数"、教师考核的免检教师制、推进教学交流的共生式教学、颇具特色的随动式校本课程，以及"蝇眼看校园"的文化展板，等等，不但改善了学校管理，而且提升了学校管理效能。

邢校长是个"不安分"的人，是个怪才！——这是在他获得当地十大杰出青年称号时，前来采访的记者对他的评语。

这种"不安分"和"怪异"，直接地表现为他的创新意识。担任物理教师时，他每年都能"鼓捣"出几件奇妙得让人不可思议的实验设计，这些极富创新意识的物理实验之奇妙，不仅令国内教育工作者耳目一新，让人感到不可思议，并屡获全国一等奖，而且在多次应邀参加国际学术交流时，也令外国同行刮目相看，让美国和德国的教师同样感到不可思议，"外国同行的蓝色眼珠里闪动着掩饰不住的兴奋：'太奇妙了！'"……

十多年之后，邢老师由于工作成绩突出，被上级任命为副校长，继而又荣升校长。在由教师到校长的职业角色转换中，他的职务、身份和地位变了，但他"不安分"的创新意识却没有变，在学校管理实践中创造性地提出并实施了多种管理新方法。

意愿组合制：变"拉郎配"为自由组合

意愿组合是邢校长推出的第一个改革项目。

"所谓意愿组合，就是班级任课教师的组成，基本上按照每个人的意愿来确定，即班主任和任课教师都可以自主选择自己的合作伙伴……"邢校长在教师大会上侃侃而谈。

> 改变传统的教师安排"拉郎配"的弊端，按照个人意愿组建班级教师团队，是很多教师的希望。邢校长推出的意愿组合制，较好地解决了这个问题。

"不会吧？以前不都是学校安排的吗，现在怎么由我们自己选合作对象了？""每个人都能按照自己的意愿确定合作对象，这怎么可能？"……还没有等邢校长说完，坐在台下的老师就唧唧喳喳地议论起来。

"老师们不要着急，听完我的介绍后，大家就明白了。"邢校长挥了挥手，示意大家安静下来。接着不慌不忙地说道，"操作程序是这样的：第一步，每个班主任将自己最希望合作的任课老师依序列出来，比如，某班主任列出：数学老师第一选择张老师、第二选择李老师……英语老师第一选择王老师、第二选择……同时，某学科任课教师也可以按照上述方式，列出最希望合作的班主任排序：第一选择郑老师、第二选择吴老师……第二步，将所有班主任和任课教师的意愿表达输入电脑，电脑将自动计算出唯一的一套最佳搭配方案。我把自己选择对方的排序数叫主选值，把对方选择自己的排序数叫被选值，主选值与被选值之和称为组合值。组合值体现双方愿望。电脑对所有班主任与所有任课教师的主选值和被选值进行分析，就能组合出唯一的一套组合方案，使得搭配双方的意愿冲突最小。目前，我已经设计完成了相关的电脑软件程序。"

"会不会落选呀？""大家都喜欢选某个人合作怎么办？"……老师们又一次悄声议论起来。

"首先，每一位老师都不会落选，因为每个学科的教学岗位设置数目和教师的数目是一致的。其次，选择是双向的，你喜欢与别人合作，还要看人家是否喜欢与你合作。合作对象可以根据大家的次序来确定。"邢校长解释道。

老师们对邢校长的说法半信半疑，但事实却让老师们心服口服：邢校长自己设计的电脑程序把他的想法变成了现实。

"为什么要把原来的学校安排工作变为意愿组合？"我对意愿组合有点不大明白。

学校以往安排工作好比"拉郎配"，基本不考虑教师需求，易造成内耗，导致效益不高。

"这是我当教师时的深切感受，和自己不合拍的老师一起搭班工作，总觉得很别扭。其实，老师对在哪个岗位工作并不是那么在意，关键是能否与同事愉快合作，大家互相信任、欣赏、理解、帮助，就能开心工作，就能避免内耗现象。"邢校长结合自己做教师的实际，谈了自己这种想法的缘由，"学校安排工作好比'拉郎配'，基本不考虑教师的需求。安排工作效果不好时，就会找这样的托词：教师合作意识不好、团队精神不强。事实上，每个教师都有自己的个性，都有自己合得来的伙伴。如果学校在制度设计上让每一个教师自愿选择自己的合作伙伴，就会减少不必要的冲突，有效提高工作效益。"

"学校统筹安排会考虑年龄结构、性别搭配、经验多少等因素，意愿组合会不会对这些因素考虑欠周？"我对邢校长的改革有点担心。

"任何一项改革都不可能是完整的，不可能每一方面都兼顾到。"邢校长并不回避我的问题，"但意愿组合能够让彼此关系最为融洽的一组教师组成一个班级任课教师小组，这样的小组在一起工作，比学校强行安排的组合更加人性化，体

> 意愿组合制减少了内耗，提高了效益，有利于建立可持续发展的民主管理机制。但对班级教师的年龄结构、性别搭配、能力结构、教学经验有可能考虑不周。

现了自由和民主，有利于可持续发展的民主管理机制建设。此外，意愿组合还可以用于考察教师的合作精神。合作能力差的教师，在意愿组合中就难以找到理想的合作伙伴。特别是，如果某个学科岗位数量少于该学科任课教师总人数时，这种考察的效果尤为明显：不善于合作的教师可能会因为没有人愿意跟他合作而面临失去工作岗位的风险。当然，意愿组合也有不足，就如同你所说的，这种制度对教师团队的年龄结构、性别搭配、教学经验考虑不周，可能会造成某个团队相对较弱或较强的问题，影响教育均衡。这一点，我们会在以后的工作中进一步完善。"

教学"三参数"：学科不同照样可以比较

为了建立数据化分析教学质量的模型，邢校长设计了教学成绩分析比较的三参数，并分别取名为"同科均距"、"全科均距"和"异科均距"。

邢校长介绍说，"同科均距"比较的是同一学科不同班级之间的成绩；"全科均距"比较的是同一年级不同班级的整体成绩；"异科均距"比较的是同一班级

> 教学"三参数"包括同科均距、全科均距和异科均距，分别是指学校分析同年级相同学科、不同班级所有学科以及同一班级不同学科考试成绩的三组相对数据。

不同学科之间的成绩。

为了形象地说明问题，邢校长给老师们出示了计算三个参数的公式：

同科均距：T = （班级平均分－年级平均分）/年级平均分。T值越高，说明该班级成绩在本年级同学科中越好。

全科均距：Q = （T语＋T数＋T英＋T科＋T史社）/5。Q值越高，说明本班整体教学成绩越高。如果是平行分班的话，Q值越高，还说明这个班的班主任管理能力越强。

异科均距：Y ＝T － Q。Y值越高，说明该学科在同一班级所有学科的位置值越高。

出示公式后，邢校长给全校教师作了进一步的说明："三参数"比较的是班级学生考试成绩的相对地位，呈现也比较简单，只要一个数据就能说明问题。比如，某教师的"同科均距"是＋5%，说明这位老师所教的班级学科成绩比本年级平均成绩高出5%；再如，某教师的"异科均距"是－7%，说明这位教师所教学科的学生成绩与本班的其他学科学生成绩差距较大；又如，某班级的"全科均距"是＋5%，说明这个班级学生的各科综合成绩在年级中较好。所有的数据中，数量的绝对值表现差距的大小，正、负号则表示正、负向差距。

实践证明，老师们对邢校长这种数据分析很认同，既激励了先进，又鞭策了后进。同时，学校的教学质量分析数据库也逐渐建立起来，对学校整体的教学管理起到了积极的促进作用。

"这种比较会不会有过于重视应试之嫌？"虽然我对邢校长的这种做法比较感兴趣，但依然为他捏了把汗。

学业成绩数据分析有利于反馈教学信息，改进教学行为，评价教学效果，是学校质量管理的重要手段。

"教学质量分析是学校质量管理的重要工作内容。我觉得，是不是应试关键是看手段和目的是否合乎教育教学的规律性。对学生的学业成绩进行这样的数据分析，既有利于学校科学制订教学方案、反馈教学信息，也有利于指导教师改进教学行为，又能对教师的教学进行有效的评价，是学校进行质量管理的有效手段。因此，这种分析与应试毫无关系。如果把质量分析都扣上应试的帽子，学校就无法进行有效的质量管理。"邢校长坚定地说，"当然，如果把这个分析的结果仅仅用来作为评价教师教学效果的唯一依据则是不科学的。如果用这个数据对教师的教学工作或班主任的班级工作实行一票否决，那就是搞应试教育。"

"同科均距和异科均距之间有没有可比性?"我判断，这两个数据之间一定存在着某种关系。

"呵呵，还真让你观察出来了。"邢校长微微笑了笑说道，"同科均距可以比较不同班级同一学科的教学成绩，异科均距可以比较同一班级不同学科的教学成绩，连续数次的全科均距可以比较一个班级不同时期学生考试成绩的变化。此外，一个教师的同科均距和异科均距两个数据之间也可以进行比较。"

接着，邢校长用表进一步作了说明。

某一班级各学科成绩"三参数"模拟分析表（%）

三参数	语　文	数　学	英　语	科　学	历史与社会
T	－3	－12	－6	－6	1
Q	－5				
Y	2	－7	－1	－1	6

"上表数据表明，该班语文学科同科均距为－3%，异科均距为＋2%，说明该学科虽然与全年级平均成绩有较大差距，但在本班仍处于较好位置。这是为什么呢? 因为这个班的各学科总体教学成绩较差。究其原因，要么是这个班学生生源结构不佳，要么是这个班的班级管理存在问题。如果将这两组数据与以前或以后的同组数据进行比较，还可以看出教师任教班级的学科教学成绩的变化状况。此外，在对这个班级的学业成绩进行比较分析

同科均距可以比较不同班级同一学科的教学成绩，异科均距可以比较同一班级不同科目的教学成绩，全科均距可以比较一个班级不同时期考试成绩的变化。

时，学校还可以参考全科均距的数值。比如，这个班级上两次的全科均距分别是 −5%、−2%，这一次的全科均距是 +1%，说明这个班级的整体成绩在不断进步。学校有关部门应该根据这个数据变化，研究、总结该班在教学管理方面的经验。"

免检教师制：给优秀者创造更多空间

优秀教师常常感到约束过多，创造空间不够。免检教师制度对他们来说无疑是个福音。但如何推选免检教师才能调动他们的积极性，才能激励更多的教师成长，却值得校长的深思。邢校长的推选办法，也许能给我们一些启迪：校长提名——行政会研究——全校公示——师生无异议——确定最后名单。

学校的教师介绍栏目里，免检教师的照片不但比校长的照片要大许多，而且位置特别突出。

"免检教师是学校授予教育教学效益优秀教师的荣誉称号。"邢校长在教师大会上简要说明了学校推行免检教师制度的思路，"免检包括两个方面：一是教学免检，即备课教案、学生作业批阅等教学常规行为，学校免予检查；二是作息免检，即在保证正常上课、学校指定会议和活动等前提下，免检教师可以自主弹性坐班，学校不计迟到、早退。"免检教师"的条件：一是连续两年，教学"三参数"值较好，二是能模范遵守学校规章制度。"

接着，邢校长公布了免检教师的产生程序：校长提名——行政会研究——全校公示——师生无异议——确定最后名单。学校规定，"免检教师"实行动态管理，总人数上不封顶，每两年核定一次。

实践证明，免检教师制实行后，学校的管理负担明显下降，管理的针对性逐步增强。

"为什么你会产生这样的想法？"我有点好奇。

"说来话长，这与我自己的经历不无关系。我是一个普通教师时，总希望学校多给自己一些自由发展的空间。后来的调查发现，几乎每个优秀的教师都希望学校减少事务性的管理，少一些条条框框的约束。俗话说，闲暇出智慧。教师没有足够的自由，就不可能有创造性。于是，借用企业免检产品的思路，我产生了给优秀教师授予'免检教师'荣誉称号的想法。"邢校长谈起这个创意来非常自豪，"想想看，学校可以制定严苛的制度，去管理教师的行为，再好的制度只能管住底线，却管不住教师的内心活动。此外，教学常规只能是对合格或者是新任教师的基本要求，用这个制度约束优秀教师，只能适得其反。"

> 制度保底线，闲暇出智慧。把握好管理的宽严程度，既能创造宽松的工作环境，又能确保制度的刚性执行，是管理艺术的体现。

"难道你不担心对他们免检后，他们放松了对自己的要求？"我试图了解这项制度实行后对这些免检教师产生的影响。

> 建立动态的免检制度，使其发挥自我加压的作用，一定能增强自我约束，也有利于克服懈怠行为，降低学校管理负担。

"在实际工作中，学校班子成员也担心这样做会对免检教师产生消极影响。但事实证明，这种担心是多余的。"邢校长肯定地回答，"理由有以下三个方面，一是'免检'既是一种荣誉，更是一种压力。这种压力是自我加压，是正向压力。二是这部分教师都是自律行为很好、自我要求较高的老师，工作自由度的增加，直接的结果是自我约束力的增强，间接的效果是给予这些教师专业发展更多的时空。三是'免检'是动态的，并不是终身制。因此，即便确有个别免检教师放松了对自己的要求，也可以通过制度规定的程序，取消其免检资格。"

"你不怕没有获得免检资格的教师闹情绪或破罐子破摔？"我想从另一个方面了解学校其他教师的感受。

"这个问题问得非常好。"邢校长鼓励了我之后，接着说，"起初，我没有想那么多。只是想，哪个教师觉得免检教师自由，哪个教师就努力争取呀。也曾乐观地认为，这样做，一定会激发后进教师的积极性。后来才发现，这种

> 没有获得免检资格的教师，学校一定要加强专业指导与支持的力度，有效促进这些教师的专业发展。

想法有点单纯甚至幼稚，因为毕竟免检教师是少数，是多数教师可望而

不可即的。出现了上述问题之后，我们进行了认真研究，采取了一系列措施，加强了对没有获得免检资格教师的专业指导和支持的力度，而不仅仅是让他们自我加压。现在这个问题已经得到比较好的解决。"

"你刚才说，免检教师制度执行后，学校管理负担明显下降。这又作何理解?"马上追问道。

"这还不好理解?"邢校长边反问我，边解释道，"学校不再管理免检教师，因而减少了管理的对象，而且能够把管理关注的重点放到其他非免检教师身上，进而集中力量解决其他教师出现的问题。同时，这样做，还会给其他教师树立身边的榜样。此外，由于免检不是终身制，也在一定程度上有效地解决了事实上存在的职称评聘终身制带来的弊端。"

共生式教学：打破班级"围墙"

借助生态学术语，共生式教学是指通过一定的制度约定，让两个同学科的教师打破班级"围墙"，进而促进相互学习的一种教学管理方式。

一些学校为促进教师之间的相互学习采取了很多措施，都难以见到显著成效。邢校长也曾为此苦恼不堪。经过多日的观察与分析，邢校长产生了"共生式教学"的念头。

"共生是生态学术语，说的是两种生物之间的关系，他们共同生活在一起，双方相互有益。"邢校长向他的班子成员介绍了这种想法的初衷，"顾名思义，共生式教学，就是通过一定的制度约定，让两个同学科的教师打破班级'围墙'，相互聘请对方到本班授课。这样做，可以使双方相互受益。当然，双方达成协议之前，要通过科组长和教务处的登记和批准。"

邢校长的想法引起了学校班子成员的共鸣。经过多次讨论，学校建立了共生式教学制度。这项制度规定，每位教师必须请教学业绩不低于自己的教师（为方便该制度的推进，学校事先确定了一批骨干教师——学校称为客座教师——供其他教师约请），走进自己的课堂。每学期签约登记，不少于5节课。第二学期，共生式教学的协议双方可以根据需要，

继续执行，也可以中断协议，选择其他客座教师达成新的协议。

实施共生式教学改革后，该校教师之间的相互学习风气越来越浓，极大地促进了教师的专业成长。

"你为什么会想到在学校推行这种教学管理制度？"听完邢校长的介绍之后，我对这种方式产生了兴趣。

"这与我在学生时期的经历有关。我相信，很多人都会有同样的经历。"我的问题使邢校长陷入了回忆之中。

稍许，他接着说："刚上初中时，我非常不喜欢物理这门学科。直到我们的物理老师生病，学校临时请了一个新老师给我们带物理课之后，我才发现，不是物理课无聊，而是我们原来的物理老师的教学水平太差了。从此，我由不喜欢物理课，变成了物理迷，并最终选择物理学科作为我报考大学的志愿和终身的专业。想想看，一个教师对学生的影响会有多大呀。受这件事情启发，我联想到，教师的专业素养和能力是有差异的，如果某个班级某门学科的任课教师能力较差，可能会导致这个班级的学生丧失对这门学科的爱好和兴趣。而基于现行的管理制度，调整这些教师是有难度的，提高这些教师的教学能力又不是一日之功。因此，我依据生态学的共生原理，设计了这样的教学制度。"

> 教师的专业素养和能力是有差异的。如果学生遇到了一个教学能力较差的教师，可能会导致对这门学科学习兴趣的丧失。

"每学期由'客座教师'上5节课。除了促进相互之间的学习外，应该还有更多的好处吧？"我进一步问道。

"好处是显而易见的。"邢校长耐心地介绍道，"除了促进相互之间的学习之外，还有两个明显的变化。第一，学生可以通过不同教师对同一问题的教学，从不同的视角理解同一个问题，有助于学生对问题的深化理解，促进学生的思维发展和创造能力的提高。第二，共生式教学也有学生对教师比较的成分在里面，这种比较会让教学能力稍差

> 共生式教学可以促进教师之间的相互学习，有助于学生对问题的深化理解。同时，共生式教学能够使教学能力稍差的教师产生危机感。

的教师产生一定的危机感。"

"仅仅只有好处？难道就没有问题吗？"我反问道。

"任何一种改革都会有不足。这是毋庸置疑的。"邢校长回应道，"这种制度的不足之处也很明显，主要是业务能力较弱的教师多少会显得有点难为情，特别是合作一方'客座教师'的教学能力明显强于自己时，会影响自己在学生心目中的地位，个别教师甚至可能会感到难堪。"

"这可是个严重问题，搞不好会引起教师之间的矛盾，影响教师的团结和队伍的稳定。"我有点担忧。

"确实如此。"邢校长并不否定我的观点，"但我们不能因为这些问题的存在而放弃对促进教师专业发展的探索。我们相信，只要本着善良的愿望正确面对，总会找到解决问题的办法。我们的做法是，首先，让教师明白，教师的尊

> 共生式教学可能会造成教师之间的矛盾，但学校不能因为改革有困难，就放弃对促进教师专业发展的探索。

严不仅仅是靠自己的教学能力树立的，更重要的是要做学生的朋友，理解、尊重学生。其次，加强对学生的教育，让学生明白，尺有所长，寸有所短，客观看待教师之间的差距和教学方法的异同，给教师改变的空间和信心。"

"随动式"课程：随师生需要而变

> 校本课程是什么名称并不重要，重要的是能够体现校本课程随资源变化而变化的特点。而邢校长所创造的"随动式"课程就体现了双向选择、地点不限、师生共创等特点。

随动式课程是邢校长提出的又一个新概念。

在学校关于随动式课程的说明中，邢校长作了这样的解释：随动就是随师生需要而变动、随师生情趣而变动、随教育观念变化而变动、随社会发展进步而变动。

总结该校随动式校本课程的经验，不难发现有如下几个特点：

一是师生双向选择课程内容和人员对象，打破班级建制、不限学生

人数；

二是课程活动的时间、地点不作硬性规定，周末假期、校内校外皆可；

三是课程教材以栏目设计，分期印刷，每年一次，随时间而变化；

四是前期教材供师生参考，后期教材是师生共创；

五是优秀栏目相对固化后，可以形成学校精品校本课程。

在邢校长和老师们的共同努力下，随动式课程成为这所学校培养学生特长的重要抓手、建设学生社团的有效途径，为学校发展注入了活力。三年之后，该校形成了五门深受学生欢迎的精品校本课程，教师的课程研发能力也得到了显著提高。

> 资源和条件的不断变化，决定了固定不变的学校课程没有生命力。

"固定不变的学校课程是没有生命力的，因为资源在变化，时代在变化，学生在变化。"还没等我提问，邢校长就单刀直入地解释了自己这种想法的由来，"因此，我们提出了这种变化的课程理念，叫什么名目本身不重要，重要的是凸显了学校课程变化的重要性。"

"除了你所说的上述因素以外，这种变化与学校教师课程研发能力有没有关系？"显然，我怀疑学校教师的课程研发能力。

"这是问题的另外一方面。"邢校长若有所思后，继续说，"客观上来讲，由于我们的教师习惯于用国家规定的课程教材实施教学，课程研发能力确实不强。让老师们一下子形成这种能力既不客观，也不现实。由于随动式课程是

> 不参与课程研发，教师就无法形成课程研发能力。随动式课程渐进式的属性，有利于提高教师的课程研发能力。

一个变化中不断提升的课程，因此随动式课程有利于促进教师课程研发能力的整体提升。"

"课程变化太频繁，会不会有过于随意之嫌？"我紧接着问。

"随动式课程的变化是相对的，而不是无原则、无规律的变化。这种相对性主要表现在以下三个方面：一是课程数量虽然每年都会有增减、

变化，但大多数是不变的，是相对固定的；二是课程的内容、实施方式虽有调整，但主体是相对固定的；三是学校多年积累形成的精品课程是相对固定的。"邢校长对我的提问作出明确回答。

蝇眼看校园：观察学校的另类视角

走进邢校长所在的学校，墙面上挂着五百余幅学生用电脑创作的、反映师生校园生活的大幅彩喷图文展板。邢校长形象地给展板起了个名字："蝇眼看校园"。

在展板的一角，清晰地说明了"蝇眼看校园"的含义：蝇眼能从4000多个维度观察物体，其反应时间仅为0.01秒，而且它能看见紫外光，还有微焦、远焦和广角。"蝇眼看校园"即以立体、敏锐、创造性的视角审视校园生活。

根据这个创意，学生们用独特而有建设性的视角将发生在学校里的、师生真实经历的许多趣味片段，拍成照片或者画成漫画，再配上诙谐幽默的短文，制作成展板。不仅班级、学校举办的各种大大小小的活动是展板的原始材料，甚至连检讨书也可以成为展板的好素材。

邢校长介绍说，每一幅展板都是在老师的指导下，学生亲自动手，或独立或合作完成的。虽然展板不是艺术品，但却是校园生活的真实写照；虽然展板不是宣传品，但每一幅都记载着师生真实的心声。

由于"蝇眼看校园"展板由不同班级的学生轮流制作，每月该校都会推出色彩各异的数块展板。日积月累，几年时间，学校的"蝇眼看校园"展板足以装订成册，成为记录学校变化的"流动风景线"，为该校学校文化发展做出了突出贡献。

"'蝇眼看校园'恐怕不仅仅局限于培养学生观察能力和审美能力吧？"通过对上述几项改革的交流，我觉得邢校长的做法另有深意。

"呵呵，你说得没错！"邢校长显得很得意，"学校管理改革的效能不会是单一的，往往体现在多个方面。就拿'蝇眼看校园'来说，培养学生的能力只是这项改革的副产品。更重要的是，通过学生对校园生活的发现，给学校管理提供一个新的思路，给教师教育教学改革提供一个新的视角。同时，也为学生参与学校管理提供了平台。"

"能不能让我分享'蝇眼看校园'给学校管理带来变化的几个成功案例？"我很想了解这个创意带给学校管理和教师教育的变化。

"是质疑还是真正想分享？"邢校长笑着调侃我道。

还没等我回应，邢校长就兴致勃勃地谈了起来："既然你想知道，我就各举一个例子吧。一个是学生给我画了张漫画，嘴巴很大，腿很短。我理解，学生认为，我说得多，做得不够好。看了这张漫画以后，我在学生大会上尽量减少

讲话时间，增加了到教室和学生活动场所走动的次数和频率。一个是学生写了一份应付性的检讨书，对检讨的内容只字不提，只是说自己一定要改正，云云。看到之后，德育主任感到这份检讨书话里有话，立即与写检讨书的学生取得联系。听了学生的诉说之后，德育主任很快与有关老师进行了沟通，消除了师生的误会，并使问题得以解决。这两个实例虽然很不起眼，但足以说明这项创意的作用。更多的实例，欢迎你到我们的师生中去了解。"

【旁观者言】

制度设计一样可以星光灿烂

理科出身的邢校长总是喜欢用"模型"进行教育管理设计。但是，

当我们把目光聚焦在"共生式教学"、"随动式课程"等制度设计时，我们看到的是一种专业管理的视角。无疑，他获得了意想不到的成功。

一直以来，优秀的学习领导者十分关注各种政策工具的使用，并试图做到管理制度的规范与创新，但着重点仍然在现有规范的发掘上。而这个时候，通用性的政策工具常会不够用，完全规范化的政策成为"天花板"。制度设计的创新，需要设计者不仅要了解基本的组成元素。更要深度理解并设定用以指定这些细节的准则，而不是直接规定它们。这些规则的创建，就可以看做是制度设计。尤其值得注意的是，设计者对于制度设计的理解，才是这个问题的最初原动力，从而能够知晓如何制定出更有效的政策。

但是，你很快就会发现，这项"工程"涉及社会科学的诸多领域。制度的可行性和有效性依赖于其嵌入的学校场域的政治、经济和社会背景。这些背景因素提供了一种制度环境，它为学校的制度设计提供机会或制造障碍。

也许有人会怀疑这些方式好看不一定好用，或者怀疑其是否也存在技术使用中的种种参数限制。其实，重要的是一种思考方式。

作者与邢校长就学校这一场域中的制度设计进行的对话，为我们提供了开放性的教育文化设计思路。尽管它在实际应用方面，只是贡献了一些具体个案，但我仍然认为，作为教育管理领域的微制度创新，它其实提供了某些有价值的东西，对学校的制度创建者迈向文化塑造是有启发意义的。

三把"慢火"践行办学理想

性格沉稳的汪校长调入一所品牌学校后，没有用惯常的思维来"烧"他新官上任的三把"急火"，而是用教育欣赏、精细化研究及国际公民教育三把"慢火"，持久发力，实现着他的学校教育理想，也进一步提升了学校的品牌影响力，成功探索出了一条品牌学校的发展、壮大之路。

汪校长来到深圳特区的一所十二年一贯制品牌学校担任校长时，正值学校发展的关键时期。在年轻的深圳，该校的名声已经响当当。因此，社会上有人断言："谁来接任这个学校，这个学校都难以迈上新的台阶。"这对汪校长无疑是一个巨大的考验和挑战。

　　二十多年从事教育工作的历练，培育了汪校长处变不惊的沉稳心态和应对能力，他没有用惯常的思维来"烧"他新官上任的三把"急火"，而是用三把"慢火"，持久发力，实现着他的学校教育理想。

　　如今，几年过去了，学校不但没有走下坡路，名声反而更响了。

第一把"慢火"：教育欣赏激活一池春水

　　"一切智慧的生命，皆可在欣赏中绚烂成长。"在就职讲话中，汪校长给全校教师谈了自己的教育理念：教育需要欣赏。

　　据此，上任半年后，汪校长就和班子成员研究协商，明确提出了"相互欣赏、和谐共进"的学校文化建设理念。

　　教育欣赏，不但指欣赏班子成员、全体教职工，而且还包括欣赏所有学生乃至家长。对于班子成员，他充分"分权和授权"；对于教师，他用放大镜寻找优点和长处；对于学生，他把每一个学生都当成"宝贝"。

　　汪校长不但是这样认识的，而且以身示范，从自身做起：

　　对班子成员，汪校长推行"以条为主、条块结合"的管理体制，校长负责学校全面工作，副校长每人分管一个方面的工作，而且从幼儿园到高中一管到底，充分予以"分权和授权"，从而延伸了校长的"视线"，伸长了校长的"手臂"，扩大了校长的影响力，提高了管理质量和效果。

　　对于教师，汪校长坚持"教师第一"的观点，用"放大镜"来看待每位教师的优点和长处，给他们以激励和信心，对于教师的每一项建议和要求，他都认真对待和考量，并将其最大限度地转化为学校决策和工作。

学校语文老师参与上级组织的校本课程开发方案评比时，汪校长和老师们一起研究，认真研讨，仔细修改。最后，他们的方案获得特等奖，使老师们受到极大鼓舞，也提升了该组老师的创造能力。如今，在汪校长的欣赏、指导下，语文学科组的老师们先后开发编写了《幼儿生活识字》《幼儿童话识字》《小学生绘画日记》《学生阅读记载卡》《小学生写字练习册（1—12 册)》等 10 多本校本教材。"汪校长欣赏的话语、专业的指导，无不给老师信心和力量，真正让老师感受到在学校工作的快乐和幸福。"几年之后，谈起这件事情，受到指导的老师依然陶醉其中。

为了使欣赏教师的要求落到实处，汪校长把工作的重点放在教师评价方面，希望通过卓有成效的评价，激发教师的自信心。于是，在汪校长的组织指导下，学校创建了《教师档案袋评价模式》和《教师工作积分制管理办法》，作为相联系的一种实证材料评价方式，评价教师的工作。档案袋评价是教师成长的记录，而《教师工作积分制管理办法》是评价的基础，两者为全面科学地评价教师的工作和绩效，发挥了很好的导向作用。

在汪校长心中，没有差生的概念，每一位学生都是他心中的"宝贝"。面对学生，他总是笑容满面。当学生取得优异的成绩时，他会握住学生的手表示衷心的祝贺；而当学生有缺点时，他也会拍着学生的肩膀，语重心长，循循善诱，以理服人。也许，正是由于汪校长倡导欣赏学生，该校学生才感觉到自己是学校的主人，才学得自信，学得快乐。

管理授权，想说爱你不容易

"分权和授权管理是现代学校管理的重要内容，但实施起来，总是不那么容易。有点'想说爱你不容易'的感觉。不知你是怎么看的?"我一开始就给汪校长出了个敏感问题。

"正如你所说，分权、授权管理体现了现代学校管理的基本内容。"汪校长慢悠悠地说道，"为什么实施起来不那么容易? 我觉得，可能有以下三个方面的原因：一是上级政府对校长的要求越来越高，校长的责任越来越大，虽然校长可以分权、授权，但责任却分不下去、授不出去，因此一些校长对分权、授权有顾虑；二是上级政府出于权力制衡或干部任用机制的原因，任命校长和副校长是没有关联的，因此，校长和副校长之间对教育的理解会不同，信任度也不够高，有时还会出现"两张皮"甚至内耗现象，因此，校长对副校长分权或授权就会心存戒备；三是一些校长比较专制，独断专行，包揽大权，从内心深处不愿意分权或授权。"

> 分权、授权是现代学校管理的关键，但由于缺乏相应的制度规范，责、权、利不分，正副职关系微妙以及部分校长民主意识不强等原因，在基层学校难以施行。

"那怎么样做才能推进这项工作的落实呢？"我急切地问道。

> 推进分权、授权，一要进一步通过制度明确正副职的责、权、利，二要尝试推行校长组阁制，三要加强学校民主建设。

虽然我急于想知道答案，但汪校长的态度却不愠不火。但见他缓慢地回应道："关于第一种情况，我认为，可以通过制度来解决，即上级教育行政部门通过制度来进一步明确校长和副校长的责、权、利。即使上级教育行政部门没有这样的制度，学校也可以自己通过教代会来明确校长和副校长的责、权、利。第二种情况，我认为，不妨借鉴国外的机制。我有时候很纳闷，为什么美国那么大，只需要一个总统，副总统也是'备用'的，而我们的学校不大，却要配那么多副校长？为什么人家的政府可以组阁，我们的校长却不能选择自己的助手，非要上级任命？如果是出于权力制衡的需要，我们完全可以在管理制度上进行约束。事实上，副校长是很难制衡校长的，用副校长来制衡校长只是一种理论上的假设。因此，我认为，副校长从优秀教师一步一个台阶走上来，却发挥不了实质作用，实在是人力资源的极大浪费。一位美国校长曾问我，美国中小学的行政领导非常少，往往只有一个或两个行政领导，而中国中小学为什么那么多领导？我想，除了我们与美国的中小学管理的内容不同外，还与我们试图建立这种权力制衡机制有关。我认为，这也是造成学校行政化的一个重要原因。至于第三种情况，我觉得，选择这样的人做校长是不合适的。"

"学校行政化与干部多有关系？"我的脸上无疑是个大大的问号。

从教师到校长的"晋级路线图"明确告诉教师，只有当干部才能证明自己的能力。这是造成学校行政化的原因之一。

"优秀教师提拔成科组长，优秀的科组长再提拔为副主任、主任，优秀的主任进一步升格为副校长甚至校长。这条升迁路线图明确无误地告诉教师：当官才能证明自己的能力。要不为什么那么多人想当官？如果我们少设置一些行政岗位，多给优秀教师创造一些专业发展的空间和机会，对于消除行政化是有利的。"汪校长轻描淡写地作了解释。

"我注意到，你有两个说法：教师第一和学生中心。'第一'和'中心'谁更重要？"看汪校长对学校行政化这个问题不想多谈，我换了话题。

"教师第一是从学校管理的角度提的，指的是学校的一切管理制度和措施都要着眼于教师享受教育生活、解放教育生产力这个目标，而不是管、卡、压。学生中心是从学校教育的角度提的，指的是学校的一切教育教学活动都要

教师第一是从学校管理的角度提的，学生中心是从学校教育的角度提的，两者并不矛盾。

服务于学生的发展，都要以学生为中心。因此，他们是不矛盾的。"汪校长虽然没有直接面对我的问题，但却消除了我的疑惑。

欣赏使人生更精彩

如果我们的教育能让孩子们从小养成欣赏他人的优良品质，从欣赏的角度去看待每一个人，我们的孩子会进步得更快一些，他们的心胸会非常开阔，他们就容易接纳他人，也就能与他人真诚合作。

"在你的教育理念里，欣赏是个关键词，能不能进一步谈谈你对教育欣赏的认识？"我的问题直接指向汪校长的教育理念。

"有人说，一个中国人是一条龙，三个中国人是三条虫。也有人曾这样说，国外企业或个人试图超越对手时，一般会寻

找对方的优势，学习别人的长处，并在此基础上通过创新或树立自己的优势来实现。而国内企业或个人试图超越对手时，一般会选择挑别人的毛病，打压别人，来抬高自己。不论这些说法是否正确，从欣赏的角度看，这些说法都是对国人的一种警示。为什么这样讲？因为这些说法直指国人的劣根性：喜欢单打独斗，缺乏合作精神；喜欢攻击别人，缺乏欣赏意识。合作精神、欣赏意识如何培养？我认为，关键在教育。如果我们的教育能让孩子们从小学会欣赏他人的优良品质，从欣赏的角度去看待每一个人，我们的孩子会进步得更快一些，他们的心胸会非常开阔，容易接纳他人，也就能与他人真诚合作。之所以我把教育欣赏作为一个信条，就是出于这样一种考虑。另外，现在的孩子生下来就面临着生存竞争，而竞争心态过于强烈，就很难学会欣赏他人。当然，有的人可以说，竞争是社会现实，不让孩子们学会竞争，孩子们以后走向社会一定会吃亏。我不否认竞争，但怎么让孩子们学会竞争很重要。难道我们要孩子们一直生活在恐惧的竞争环境中吗？这样的孩子会有良好的心态吗？他们会有幸福和快乐吗？让孩子们学会在欣赏他人的基础上，不断超越自我，让每个孩子都能在自己原有的基础上取得更大的进步，使自己的人生更精彩，不是更好吗？"汪校长虽然没有从理性的角度对自己的教育理念进行解读，但对我的启迪和震撼却一点也不少。

第二把"慢火"：精细化研究引领教学变革

有许多家长问过汪校长这样一个问题："为什么现在很多学生对学习的兴趣不浓？"

"这都是我们的教育造成的。长期以来，我们的教育一直在打压着学生的学习兴趣，消解着学生的学习能力，磨灭着学生的学习热情，吞噬着学生的创造

导致教育低效、教育无效甚至教育负效后果的主要原因是，教师对教育的功能认知、对自我的角色认知、对学生的天性认知、对教与学过程的技术认知及其操作行为和教育细节的欠缺。提高教育效率，必须从这些方面入手，以小课题为抓手，进行精细化研究。

天性，从而导致了教育低效、教育无效甚至教育负效的严重后果。"汪校长沉静地回答，"导致这种后果的主要原因是教师对教育的功能认知、对自我的角色认知、对学生的天性认知、对教与学过程的技术认知及其操作行为和教育细节的欠缺。"

为了破解这个难题，汪校长提出要变"以教为本"为"以学为本"。他要求教师"以学生为中心，以学习活动为主线，以学生的学情为依据"来开展课堂教学精细化研究，突出学生学习的主体地位，挖掘学生自主学习的潜能，把学生本身当做一种学习资源来挖掘。据此，他提出了"六改"策略，即改善师生关系、改革教学方式、改造课程内容、改变作业设计、改进课外活动和改良学生评价。

根据汪校长的思路，学校提出了具有本校特质的好课标准：学习目标明确、具体、可测，学习情境设计合理、巧妙，学习指导与调控富有机智，学习内容贴近社会生活，学习活动参与度高，学习效果经得住检测。这个标准的关键是两条，一是看学生参与学习活动的广度、深度和自觉度，即看学生是否主动参与学习以及师生、生生之间是否保持有效互动。二是看课堂学习气氛是否宽松、融洽、富于激励和富于支持，看学生是否积极、活跃、饶有趣味和开心快乐。

作为一个专家型校长，汪校长在自己的"专业"方面，作了很多精细化研究。比如，在作业设计及指导方面，他认为要重视 10 个问题：(1) 提高学生对作业的认识（作业是师生之间一种最经常、最直接的沟通与对话方式）；(2) 作业布置不能太多；(3) 作业要精选，"含金量"要高；(4) 作业不能太难；(5) 作业要分层布置、分层要求，要有"必做"与"选做"的区别；(6) 作业形式不能过于单一；(7) 加强对学生作业的指导与帮助；(8) 作业反馈要及时、人性化，要体现个体差异性；(9) 要培养学生的作业反思习惯；(10) 让学生适当参与作业设计、作业批改、作业评价等。

为了提高教师小课题研究的水平，汪校长组织学校相关部门开发了《教师小课题研究手册》，对全校教师进行教师小课题研究培训，并与高科技公司联合开发"教师小课题研究网络管理平台"，为教师的课题研究创造积极的、富于支持性的学术氛围。

据不完全统计，该校开展小课题研究两年以来，全校教师共申报625个小课题，基本实现了"人人有课题、个个做研究"的目标，调动了教师进行精细化研究的积极性，促进了学校的教学变革。

"六改"改出教育新天地

"你的'六改'从理论方面看似乎并没有多少新意。关键是如何实施，能不能具体谈谈？"相较而言，我更感兴趣汪校长的"六改"实施策略。

"跟你谈了那么多欣赏的观点，也没能影响到你，看来我提出教育欣赏还是有道理的。"汪校长的调侃多少让我有点儿尴尬。

看我有点沮丧，汪校长冲着我做了个鬼脸后，爽朗地笑出声来："呵呵，开个玩笑，不要生气嘛。我关于'六改'的理念多半是从学校或教师实践的角度来谈的，你不妨欣赏欣赏。"

接着，汪校长就"六改"一一作了说明：

改善师生关系要做到喜欢、关心、尊重、信任学生；改革教学方式要以学生为中心，做到以学定教；改造课程内容要强化教师二度开发教材的能力；改变作业设计要做到精选作业，使作业多样化；改进课堂活动要让学生更喜欢、更乐于参与；改良评价方式要以鼓励为主，增加模糊评价。

一、改善师生关系。师生关系的好坏决定着教育的成败。对教师而言，教师是师生关系中的主要方面，要做到喜欢、关心、尊重、信任、欣赏、依靠每一个学生，而且要让学生感受到教师的喜欢、关心、尊重、信任、欣赏、依靠。

二、改革教学方式。孩子们学习不开心，主要是因为我们的教学方式以老师为中心、以如何教为主线、以教材本本以及以前的经验为依据，有教无学。因此要改为以学生为中心、以如何学为主线、以学生的学情和学习目标为依据，以学定教。

三、改造课程内容。课程是教育的核心内容，也就是学程、路程。教材只是依据课程的目标选定的教学素材。因此，教师应该根据课程标准和学情需要，适当增删内容或重新调整顺序，整合生活经验或者进行主题活动设计，强化国家课程的二次开发和校本课程的开发。

四、改变作业设计。教师要重新认识作业的价值，作业设计要高度重视，要精选，要适应学情，要分层布置、分层要求，要多样化。同时，要让学生适当参与作业设计、批改与评价。

五、改进课外活动。学校的课外活动既要符合教育规律，也要投学生所好，让学生更喜欢、更多参与，进而增加学生的体验与收获。

六、改良评价方式。对学生的评价要以鼓励为主，要尊重学生的人格和个性，要减少定量评价，突出模糊评价，要更多地与学生的表现相结合，而不要主观臆测。

小课题：教师科研的源头活水

"很多教师认为，科研与教育教学关系不大。美国有的专家还说，美国的中小学教师没有多少课题，美国的教育教学不见得比中国落后。据我所知，我国香港地区的老师也不搞课题研究。你对中小学教师搞科研如何看？"我想汪校长这个精细化研究专家一定对这个话题有发言权。

学校或教师的课题研究应该在解决学校或教师面临的实际问题上多下工夫，学校在科研课题方面贪多求大，只会使教师望而生畏。

"先纠正一个误区，美国和其他国家或地区的中小学教师不搞课题研究，不等于不搞教育科研。"汪校长纠正我的说法之后，进一步阐明自己的看法。他说："只是人家不像我们很多学校一样，搞假大空的科研课题。我们总会听到这样的宣传：某校共承担了多少个科研课题（有些甚至高达几十个），其中国家级若干、省级若干、市级若干。先不说课题的级别是否属实，仅这些数字就值得打个问号。试想，对于一所基层学校而言，承担十多个市级以上课题是不是有点自不量力？如果都能承担，这些课题研究的成果又有多大参考价值？我认为，学校在科研课题方面贪多求大是不可取的。学校或教师的课题研究应该在解决学校面临的实际问题上多下工夫。毕竟以课题的方式引导教师的教育行为、引领学校的发展方向，有其不可替代的优越性。因此，我们采取小课题研究的办法，来推进学校的科研工作，提升教师的专业素养。"

"你能不能具体谈谈小课题与大课题有哪些不同？"我接过汪校长的话题问道。

"我认为，我们的小课题立足教育教学实际，面向基层一线教师，解决现场生发问题，是教师科研的源头活水。共有以下几个特点：切入口小、参与范围小、个性鲜明、小中寓大、周期较短。由于小课题研究的问题都来自教育教学

> 小课题立足教育教学实际，面向基层一线教师，解决现场生发问题，具有切入口小、参与范围小、个性鲜明、小中寓大、周期较短等特点，是教师科研的源头活水。

一线，能够让教师切实感到科研就在身边，课题就在身边，破除科研神秘的感觉，激发每一个教师参与教育教学研究的积极性，变教师被动、消极、应付教育科研为主动、积极、参与教育科研。这是大课题无法比拟的。此外，由于是小课题，教师不必拘泥于课题申报、开题、结题的条条框框的限制，不必为课题成果是否有成熟的结论或论文而发愁，因此对于基层中小学教师而言，无疑是一种短平快的科研范式。需要说明的是，小课题也是课题，必须有规范，必须按照课题研究的思路开展研究，必须有成果体现。当然，成果不一定非要以书面的论文形式呈现，完全可以以学生的进步和表现作为成果。"从汪校长的讲话中，不难看出他对小课题的情有独钟。

第三把"慢火"：利用特色强化国际公民教育

"现在是一个开放的社会，我们一定要在比较的视野中来审视人才的培养模式，一定要培养具有世界眼光的、能适应国际多元环境的国际化

培养国际公民，必须以外语教育为突破口，过好语言关。

人才。"汪校长在学校班子会议上，就教育国际化提出了自己的看法。

根据汪校长的建议，学校班子经过研究，提出了培养"优秀的国际公民"的目标，并以外语教育为突破口，进行了大胆创新。"因为国际公民必须先过语言关。"汪校长如是说。

在该校，除了国家规定的英语课程外，学校还开设了外教口语课、英语视听课，英语电影课、报刊阅读课、英语读写课以及高中英语选修课等课程，形成了鲜明的英语教育特色，并通过游戏教学、戏剧教学、歌曲教学、漫画教学、网络在线写作以及电影教学来提高英语教育效果。

作为学校校本课程的"拳头产品"，英语电影教学尤其受到学生的欢迎。在英语电影教学中，学校把原版英语电影片段作为教学的主要素材，运用"赏、析、模、演、配、编"六个教学步骤，开展教学活动，促进学生的语言学习、文化习得和艺术熏陶，提高了学生的英语综合运用能力和综合素质。

根据不同的年龄特点，在小学阶段，该校的英语电影教学主要有：经典片断看一看；经典人物说一说；经典对白学一学；经典词语读一读；经典句子练一练；经典脚本演一演；经典歌曲唱一唱七个环节。中学阶段，则主要有：电影简介；导看，故事情节预测；观赏片段，了解情节；片段对白呈现；经典句子和表演练习五个环节。

除了课程之外，学校还有丰富的语言运用式的活动体验，包括海外游学团、彩虹夏令营、英语文化节、模拟联合国、英语课本剧、英语广播站、英语记者社、英语圣诞节、英语配音场、英语演讲赛、英语漫画坊、英语歌曲秀、英语手抄报、英语游园会、校园英语角等。这些活动不但丰富了语言学习情境，而且拓展了语言应用空间，使"学习语言"升华为"学习文化"。

"培养国际公民"，在这所学校不仅是目标，更是具体而生动的教育实践。

在文化与工具互动中提高英语教育水平

"你认为，我国中小学英语教育水平普遍不高的主要问题在哪里？你们学校的英语教学实践为什么会与其他学校有很大的不同？"我隐约感觉到，这所学校的非同一般的英语教学实践，一定与他这个校长的教学理念有关。

"这是个老生常谈的话题，我没有更多的理性认识，也谈不深刻。"没想到汪校长会直接拒绝我的问题。

看我有点懊恼，汪校长轻声笑了笑，继续说道："为了不使你太失望，我可以从教学实践的角度，简单谈谈。我们认为，语言只有在其相应的文化氛围中才能真正被激活，而文化也只有在积极的语言应用和交流中才充满魅力，因此，

> 外语学习应该是工具与文化的互动过程，在这个过程中既要将语言作为工具来摄取知识，又要通过知识学习去了解文化。据此，学校在教材选用、内容安排及课程方式等方面进行了一系列大胆探索，从而把英语学习从"课堂英语"扩展为"社会英语"，从英语教学延伸为英语教育。

英语学习应该是工具与文化的互动过程，在这个过程中既要将语言作为工具来摄取知识，又要通过知识学习去了解文化。为此，我们从教材选用、内容安排，到方式变革、课堂实践等方面都进行了一系列大胆探索：教材以英文原版为主，以便为师生提供标准化、地道的教学资源；教学内容尽量与时代同步，贴近学生的日常生活；教学方式以交流互动为主，充分让学生参与其中；课堂实践中则设法营造真实的英语语言和文化氛围。这样，我们就把英语学习从'课堂英语'扩展为'社会英语'，从英语教学延伸为英语教育。英语电影教学就是一个很好的实例。我们认为，英语电影不仅有艺术享受、文化熏陶等潜移默化的影响，更使英语学习有了声像结合的情境、良好的教学课件辅助、地道的语言模仿环境、原生态的生活体验。这不仅大大提高了语言学习的效率，而且让学生对异国的文化、生活方式有了更直观的了解。因此，选用英语电影进行教

学，能够把语言学习与文化理解有机地结合起来，提高英语学习的实效性。"

本土化和国际化：飞向未来的一对翅膀

"很多人认为，教育国际化就是走出去，向国外先进教育学习。从学校实践的角度看，你认为，教育国际化应该主要体现在哪些方面？"顺着汪校长的话，我又抛出一个新问题。

> 国际化和本土化是飞向未来的一对翅膀。一方面，跨文化交流给我们提供了异质化学习环境，能够让我们对教育规律作出思考。另一方面，没有建设在民族传统文化基础上的国际化是没有根的国际化。我们需要用中华文化的熏陶，来完成儿童人格的教化，培养具有民族气质的国际公民。

"这是一个高质量、有挑战性的问题。我不一定能回答好。"汪校长善意地看着我说，"我觉得，本土化和国际化是飞向未来的一对翅膀，两者不可偏废。一方面，跨文化交流给我们提供了异质化的学习环境，能够让我们对教育规律作出思考。在经济全球化、世界扁平化、信息多元化的今天，我们如果只立足传统、关起门来办学显然是不行的。只有以包容的、接纳的心态，去吸纳、接收外来的文化，让外来文化中的优秀内容进入我们的学校管理和学校生活当中来，进而改造我们的教育。另一方面，没有建设在民族传统文化基础上的国际化是没有根的国际化。我们不能一味地向外看，我们还需要不断地停下自己的脚步，回过头看看我们自身，看看我们自身优秀的文化传统，用中华文化的熏陶，来完成儿童人格的教化，提高学生的道德素质，培养具有民族气质的国际公民。说到底，教育国际化不是照搬西方教育，而是在学习、借鉴先进经验基础上的理性扬弃，是继承、发扬民族传统基础上的全面创新，是理解、对话不同教育文化基础上的整体重建。"

教育思想是如何炼成的

教育思想的形成需要一个个切入点。所谓切入点，即聚焦问题，就是教育者根据行动的需要、已有的经验和能力，对研究实施所设定的操作起点。可以将"聚焦我的问题"作为研究的切入点，使问题成为真问题，研究成为真研究；也可以将笼统、模糊的研究内容进行详细的分解，使之成为一个个可以着手研究的具体问题。

我们看到，汪校长正是从学校和教师发展的实际问题中寻找教育问题形成的切入点，进而分析该问题形成的原因，针对问题的成因思考有哪几条解决问题的途径，我们可以做什么，进而在自己力所能及的范围内考虑解决问题的方法和策略，并在这一过程中感受和引导教师转变观念，不断地进行研究，帮助教师从繁重的负担中解放出来，帮助教师确立自己的教学方向和发展起点。从学校发展的实际出发，找到和找准了学校发展所要解决的真问题，就等于抓住了符合学校、教师、学生、社会现实要求和发展需求的"牛鼻子"。

打造轻负优质的学本课堂

八年如一日，黄校长围绕师生共同提出问题、发现问题、研究问题、解决问题的主线，持续推进课堂教学改革，形成了独具特色的"问题导学"课堂教学模式，研究编制了方便实用的"课堂教学工具包"，建立了以学为主的课堂教学评价体系，体现了以学定教、以学促教、以学论教的"学本课堂"教学原则，在全面减轻学生负担的前提下，有效提高了教育教学质量。

黄校长是一所外来务工者子女人数比例高达60%以上的城中村学校校长。上任该校校长后，他紧紧抓住课堂教学这个根本，全力推进学本课堂建设。在他的带领下，全校教师八年如一日，咬定青山不放松，持续深化课堂改革，教育教学质量不断提升，成为当地课堂教学改革的先进学校。

"我们将在进一步深化课堂教学改革的基础上，全面减轻学生的课业负担，力争做到'五零一控'，即零教辅——在教育行政部门规定的范围之外，不订购任何教辅材料，教师不向学生及家长推荐任何教辅材料

（课堂拓展性阅读材料除外）；零家教——学校没有参与有偿家教的教师，没有教师参与社会培训机构组织的家教活动；零补课——节假日及休息时间，学校不安排任何形式的补课，但鼓励教师对个别学习困难学生利用学校场所免费补课；零排队——不对班级和学生进行成绩排队，不公开班级和学生的成绩；零体罚——没有一例体罚或变相体罚学生的行为；一控——严格控制学生书面作业数量，一至三年级不留书面家庭作业，四至六年级平均书面家庭作业量每天控制在 1 个小时以内。"黄校长在学校举行的面向全校家长的大会上，作出了减负提质的庄严承诺。

"问题导学"让课堂充满活力

学生甲：请同学们把关注的目光投向第二段，我从"你瞧着"这三个字看出了北风非常瞧不起太阳的神情，我还从"眨眼的工夫"这里知道了时间非常短暂。

学生乙：文中不用"拿"，不用"取"，偏偏用了一个"扯"字。"扯"的意思是非常用力地拉下来，更体现出风的粗暴。

学生丙：我很喜欢太阳，所以写了一首赞美太阳的小诗。我猜行人也会和我一样这样赞美太阳：太阳啊太阳，你是我们的第二个母亲。你把温暖给予了我们。小草因为你而快乐地成长，云朵因为你而自由地飞翔，蘑菇因为你而快快地钻出土壤……

学生丁：我觉得前面的同学分析得都很全面，我想用我的朗读来表现出北风的骄傲自大（朗读）。

接着，学生争先恐后地进行朗读，课堂教学达到了高潮。

……

这是在全国小学优质课堂研讨会上，该校三年级语文《仁慈的力量》一课上孩子们的精彩表现。

课堂上，在平等、和谐、民主、自信的交流中，孩子们训练有素、引经据典、妙语连珠，令人惊叹不已。整个课堂教学过程中，除了提出问题、恰当点拨外，教师没有多少语言，学生自始至终都是主角，发言之大方，用语之得体，对话之精彩，彰显了学校深度推进课堂变革的成效。

"这是我们在有关专家指导下自主研发的'问题导学'模式结出的丰硕成果。"黄校长自豪地告诉前来学习的外地嘉宾。他说，我们明确提出"问题导学"教学模式，其目的是试图转变教与学的方式，调整师生地位和关系，尝试利用问题作为优化影响课堂教学诸多因素的手段、切入点、支点，激发教师的创造才能、主导作用。

接着，学校教导主任向嘉宾们介绍了自己的感受。她说，作为一位从事教育工作20多年的教师，她对教学有着深刻的体会和思考。以前，有着名师情结的她，利用一切机会学习名师。她也曾经到名师所在的学校蹲点学习。她发现，他们的课是阳春白雪，好看不中用。在她看来，教学质量主要与教师自身素质有关，向名师学习常常容易东施效颦，越学越挫败。多年的课堂改革实践，使她深深地体会到，如果不能在教学程式上取得实质性突破，名师的经验将无法"复制"。

黄校长的介绍和教导主任的教学反思，引起了与会者的高度关注，也把学校的课堂改革经验推向了全国。

模式并非模式化

"你们为什么提出了问题导学模式？模式化会不会限制教师的思维？这个模

> 问题导学模式的核心是课堂教学要以问题为主线，围绕师生共同提出问题、发现问题、研究问题、解决问题开展教学活动。

式有哪些特征？"听完黄校长的介绍，我连续提了三个自认为关键的问题。

"不要慌嘛，一连串三个问题，真呛人呀。请允许我一个一个介绍。"黄校长慢条斯理地说道，"关于第一个问题，这个模式是专家提出来的，不是我们的发明。我理解，这是基于改变传统的以知识传授为主要方式的课堂模式而提出的，

核心就是课堂教学要以问题为主线，围绕师生共同提出问题、发现问题、研究问题、解决问题的主线组织教学。关于第二个问题，模式与模式化是两回事，我们的模式只是规定了教师课堂上要抓住的关键元素，完全不会限制教师的思维。关于第三个问题，我觉得，主要有六个主要特征：强调问题意识，围绕以'学'为本，基于先学探究，提倡合作学习，重视思维与生成，注重实施策略。"

听完黄校长的话，我有些似懂非懂，便进一步问道："能不能具体介绍一下你们的模式呀？"

黄校长冲我点了点头，和蔼地说，"我们的模式由十个相互关联的模块组成：单元感受、个体先学、小组帮学、展示交流、情境表演、实践探究、经典训练、专题评价、整理提炼、拓展运用。学校教师可以根据学科实际和教学实际，灵活变通，适当调整。例如，语文教师把十个模块调整为单元感受、个体先学、小组帮学、展示交流、情境表演、整理提炼、拓展运用七个模块，而数学教师则把十个模块调整为个体先学、小组帮学、展示交流、经典训练、整理提炼、拓展运用六个模块。"

"接着详谈这个模式的特点吧。"我示意黄校长继续。

黄校长顿了一顿，继续说："第一，强化问题意识。问题是学习或教学的动力、起点和贯穿学习或教学过程的主线。同时，通过学习或教学来生成问题，学习

过程就可以看成是发现问题、提出问题、分析问题和解决问题的体验过程，教学过程可以看成是寻找教学突破口、研究教学支点的研究过程。第二，围绕以'学'为本。以学为本要求教师必须尽快地让学生自己活动起来，去获得知识，去解决问题，把可以托付的教学任务托付给学生，进而激活学生的学习主动性。第三，基于先学探究。鼓励学生提前主动去活动、去实践，在实践中感受、领会，坚持'未做不学'、'未学不教'、'学后定教'，努力让学生主动'动'起来，使学生课前带着问题'看'、发现问题'思'，课上带着问题'听'、围绕问题'辨'，课后抓住问题'练'、寻找问题'究'。第四，提倡合作学习。构建以生生互动、师生互动为主要特征的学习共同体，促进不同程度学生在小组内进行自主、合作、探究式学习，共同达成学习目标，努力使每一个孩子都能获得进步和成功。第五，重视思维觉察与生成。关注'学生学习过程中实际发生的鲜活思维'，并对思维进行高质量的自我觉察与表达。第六，注重实施策略。在教学实践中，我们根据学生的年龄特征和认知特点，在低、中、高年段分别采取互教互学、先学后教、先学后导的实施策略，成效颇为显著。"

"这是对传统教学的颠覆性的挑战。"我赞叹道。

在"问题导学"模式指导下，学生的发展被看做一切皆有可能，教师将是学习的研究者，并伴随这种研究与学生共同成长。

"是呀。当教师对课堂教学的颠覆性观念形成后，学生的存在对教师而言就会变成一种未知而全新的生命体，教师无论是思想还是心理上都不存在传统观念中的优势，学生的个性、思想、生活和学习等方面的变化，都将成为教师职业生涯中的新事物，而且这种新事物每天甚至每时每刻都在改变。教师的'教'主要仰赖于对学生'学'的了解与琢磨，甚至因为这种仰赖，教师的'教'会变得更加灵活。于是，学生的发展被看做一切皆有可能，教师将是学习的研究者，并伴随这种研究与学生共同成长。教师唯一能做的选择便是，在每天从事的对学生的研究工作中，学会适时且智慧地'顺势而为'，并在每个'顺势而为'之后，不断进行'乘势而上'的调整与完善。"

"教学工具包" 为新型课堂提供支持

不要说小学生，就是中学生要做到先学都不容易。但黄校长带领全校教师做到了：孩子们不但会先学，而且一点也不比中学生差。

这究竟是为什么？学校老师们高兴地说：因为我们有一个简便实用的教学工具包（如下图所示）：

模式并非操作工具。为使"问题导学"模式更具有操作性，学校开发了"教学工具包"，这成为老师们推进课堂变革的百宝箱。

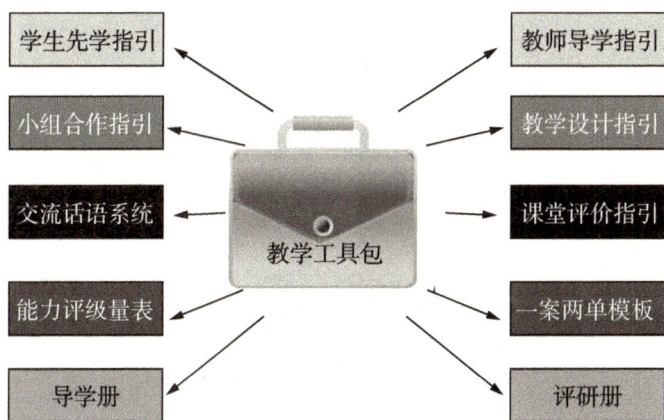

学生先学指引　　　教师导学指引

小组合作指引　　　教学设计指引

交流话语系统　　　课堂评价指引

能力评级量表　　　一案两单模板

导学册　　　　　　评研册

教学工具包

黄校长介绍说，学生先学指引有"读、画、查、问、补、记、做、背"八字要诀，教师导学指引有二维问题导学理念、师生共生问题理念、和谐对话系统理念、多元情境刺激意识、科学规范指导意识和全方位评价意识六大理念，有导前先学、以学定教、教少学多、先做后学、问题呈现、小组合作、质疑问难、适时刺激、培养能力九项关键策略以及学习动员、情境创建、前置作业、先学指导、能力评级等十七条行动要素；小组合作指引对分组、评价、管理的原则进行了阐述，并对合作前、中、后的要求作出规范；交流话语系统介绍了小组讨论以及展示交流时学生

话语的表达方式和示范语言；教师备课指引形象地介绍了学期整体备课、单元备课和课时备课的要领和要求；一案两单模板对老师教学工具的导学案和问题评价单、问题解决单进行了规范；导学册和评研册则分别是老师编制的引导学生学习和评价的教学方案。

"'教学工具包'是个百宝箱，新型课堂变革所需要的支持工具应有尽有，不仅对教师的'导'有非常重要的参考价值，而且为学生中心视野下的教学管理提供了新的视角。我们学校准备将这些工具带回去认真研究，并结合我校实际进行改造，供老师们学习、使用。"一名前来学习的校长对这个工具包赞不绝口。

把理念转化为操作技术

"看来你们的教学工具包真是个百宝箱。为什么会想起开发一个这样的工具包？"我为黄校长开发了这个简便实用的"教学工具包"叫好。

"简单说，就是一切从教学实际出发，一切为教师教学服务。"黄校长还是用他那特有的数学逻辑思维先作简单介绍，然后才进一步解释，"我们学校推进课程改革已经有十多年了。对于老师而言，理念不是问题，重要的是实践中如

> 新时代的教师不缺理念，缺的是在实践中如何操作的教学工具。

何操作。因此，开发实用性很强、具有实践指导价值的教学工具包就成为首当其冲的重要任务。于是，我们在专家的指导下，组织全体教师，针对新型课堂改革出现的问题进行了一系列实践研究，开发了这个工具包，虽然理论性不一定很强，但却简明扼要、易于操作，深受老师欢迎。"

"能不能把八字诀、六大理念和九项策略详细地介绍一下？"

"呵呵，你真是个急性子。那我就一个一个问题慢慢解释吧。"

关于第一个问题，即学生先学八字诀，黄校长介绍说，"读就是通读教材。学生在学习各学科教学都应该认真地通读几遍教材，只有读教材

先学"八字诀"——读、画、查、问、补、记、做、背——为高质量预习提供了指南。而高质量预习是问题导学模式的关键。

才能走进文本，靠近知识。画就是在书本上画出重点。对语文的好词好句，重点段落；数学的公式定义、规律总结；英语的生字生词、语法要点，这些重点都画出来。同时，把不会的内容用特殊的记号标出来。查就是自己对教材上不懂、不会的知识，通过查工具书等途径自主学习。问就是对教材知识内容的过程和结果的原因进行追问，看懂的问题写在书上，上课时交流或考问别人，不懂的问题记在书上，向别人请教。补就是把书本上省略的步骤和过程补充完整，并写在书上。记就是把预习过程中自己学会的问题的原因、不懂的问题、个人的感受和查找的解释等，记录在书本的空白处，也可以用即时贴作插页记录。做就是对书本上的练习题先行自主做一做。背就是在课前背诵记忆要求背诵的内容。"

关于第二个问题，即教师导学指引的六大理念，包括三个理念、三个意识，黄校长对此一一作了详细解释：

一是二维问题导学理念。两个维度分别是：以"知识性问题"作为学习的内容主线和以"非知识性问题"能动地调控学习过程。前者按照生成问题——解决问题——再生成问题——再解决问题的方式完成学习过程；后者着重解决学习兴趣和动力问题，使学习过程更加有效、更加高效。

二是师生共生问题理念。以学生呈现问题为主，教师呈现问题为辅，教师要在如何让学生有效发现问题、呈现问题上下工夫。

三个理念（二维问题导学理念、师生共生问题理念以及和谐对话系统理念）、三个意识（多元刺激情境意识、科学规范指导意识以及全方位评价意识），是指引教师导学的六大理念。

三是和谐对话系统理念。教师要真正走进学生，与学生之间建立平等、民主、自由的对话关系，尽可能启发学生的学习思维，鼓励学生启动教学话语，让学生学会用自己的语言表达，并帮助学生建立生生对话、小组对话、组间对话等多元对话系统。

四是多元化情境意识。教师要根据文本教学需要和学生学习发展需要，利用一切可以利用的物质的、精神的课程资源，尽可能多地创设有效情境。同时，教师要充分发挥学生的集体智慧，创设与文本内容相关、相近的情境。

五是规范化指导意识。这种意识主要体现为两点：一是"不困不导"、"先启后导"；二是"师生相导、生生互导、组间补导"。

六是全方位评价意识。教师和学生要在真实、有效的学习情境中进行真实的评价。教师对学生评价的内容要下移，不仅关注学生的"学"，更要关注学生学习的方法和效果。同时，教师要培养学生的自我评价意识和合作评价意识，提高学生的自我评价、自我管理、自我监督能力。

关于第三个问题，即课堂教学具体实施的九个关键策略，黄校长解释道："一是导前先学。课前先学是先学后导课堂教学的核心和关键，学生只有通过有效先学才能保证后续学习环节的有效进行。二是以学定教。根据学生先学的情况，选择设计教的内容、方法和程序。三是少教多学。教师要尽可能少讲，将尽可能多的时间留给学生交流和展示。四是先做后学。教师要引导学生先动手实践、动手尝试解决问题，获取感性认识和直接经验。五是问题呈现。通过提问方式，引导出课堂中要研究和解决的知识。六是小组合作。学生通过小组内互相引导、互相交流的方式领会和掌握基础知识。七是质疑问难。要组织学生，针对关键问题或核心知识点进行质疑和问答来辨析知识。八是适时刺激。要善于捕捉问题辨析的关键时刻，利用有效手段给予恰当刺激，提升问答质量，创造高潮。九是培养能力。要把促进学生各种学习能力的形成作为教学的关键。"

> 没有策略，就无法推动模式的落实。为了方便教师按照新模式组织教学，学校研究制定了具体实施的九大关键策略。

"一般来说，读与语文教学关系最大。各门学科都阅读，是不是有点……"我有些疑惑地问道。

"'在阅读中学习'是我国香港地区各门学科课程改革的四大关键项目之一（其他三项分别为：德育及公民教育、专题研习及运用资讯科技进行互动学习，资讯科技亦即我们所说的信息技术），国际经济合作与发展组织的国际学生评估项目（PISA）也把阅读作为测试的三项内容之一。这些事实充分说明阅读教育在学习中具有重要的作用。"面对我的质疑，黄校长直截了当地说，"阅读能力是获取信息的关键能力，已经不仅是语文学科或英语学科的'专利'，对于理科课程而言也有重要的意义。在 PISA 的阅读素养测试中关于非连续文本的测试，就与理科学科的图表、公式有一定的关系。有关专家的研究表明，很多学生理科考试题目不会做的原因，就是题目读不明白，这也从一个侧面说明了各学科开展阅读教育的重要性。"

评价变革使新型课堂如虎添翼

"这样的课堂怎么体现老师的主导作用呢？""学生自己学习、讨论、交流，还要老师干什么？"在多数外校参观者赞叹该校课堂变革的同时，不免有人发出这样的疑问。

"这些疑问的背后是怀疑甚至否定的态度。为什么会有这样的态度？究其原因，是因为课堂教学评价原则没有改，仍然把关注的焦点对准'教'而不是'学'。因此，推进新型课堂变革，必须改革课堂评价方案。"黄校长心里这样想。

于是，黄校长带领学校班子成员和骨干教师研究制定了"学校课堂评价指引"，对评价课堂的基本原则和评价要素作出了明确规定，并据此制定了学校课堂评价指引表（见下表），引导全校老师自觉参与到课堂变革的实践中来，就连即将退休的老教师也不甘示弱，成为这场变革的主角。

课堂评价指引表

评价指标	评价要素
学生学习状态及效果	1. 前置作业。前置作业较好完成，为课堂学习作好准备。
	2. 主动探究。自主学习、发现问题、独立思考、独到见解。
	3. 合作学习。小组合作组织有序合理，效率高。
	4. 互动展示。学生参与学习、对话展示、互动表达。
	5. 质疑问难。积极想象、积极补充、敢于否定、善于批评。
	6. 问题生成。在自学、合作、交流的过程中生成新问题、与文本或他人对话中产生个人见解。
	7. 自主评价。学生能对自己和同学进行合理评价。
	8. 评研训练。评研全面准确深刻，训练科学到位。
	9. 目标达成。学习方法合理、学习效率高、达到三维目标。
教师素养及行为	1. 教材处理。能根据学情正确把握和处理教材，关键问题把握准确。
	2. 教师状态。教学中充满热情，具有感染力，充分激发学生潜能。
	3. 教学机智。准确把握学生学情、具有应变能力，因学定教。
	4. 组织能力。学生的学习活动组织得高效合理，引导恰当、具有艺术性。
	5. 教学设计。教学方案设计合理，能够恰当利用教学资源，合理处理教材，正确运用教学策略，体现先学后导。
	6. 前置作业。前置作业具有简单性、直接性、根本性、开放性。
	7. 问题意识。艺术化地呈现问题，引导学生自主发现问题、提出问题、解决问题。
	8. 创设情境。根据学情，创设学习情境，充分调动学习热情。
	9. 课堂评价。针对学生学习和活动给予适时、适度、合理的评价。

评学才能聚焦学的中心

实现了从关注教到聚焦学、从关注教学过程到关注学习过程、从关注教学方式是否灵活到导学方式是否合适以及从关注课堂到关注课前、课中和课后的四个转变，学本课堂的改革目标才能真正达到。

"能具体谈谈你们这个评价表制定的原则吗？"我的问题直接指向评价指引的核心。

"我们的评价指引主要是基于评学、过程、灵活和全程四条原则。"黄校长提纲挈领说完之后，作了进一步解释，"在这四个原则指引下，我们的课堂教学实现了四个转变：一是实现了课堂评价由关注教师的教为主，转变为聚焦学生的学；二是实现了课堂评价由关注教师的教学过程，转变为关注学生的学习过程；三是实现了课堂评价由关注教师的教学方法，转变为关注教师的导学方式；四是实现了课堂评价由关注课堂内的容量、密度，转变为关注课前前置学习、课中学习及课后拓展性学习。"

"从策略上，课堂评价更应关注哪些？"我紧追不舍。

"我们提出，课堂评价更应关注六个方面：观察先学后导、教师行为、学生活动、情境创设、课堂文化、学习效果。"黄校长进一步介绍道，"观察先学后导，就是观察学生先学的情况，看学生能否发现问题、提出问题，并适当解决一些问题。同时，观察教师能否恰当

"六观察"体现了"以学论教"的指导思想：观察学生先学情况；观察教师给予学生的空间；观察学生课堂活动情况；观察学习情境的创设；观察以学生为中心的文化氛围构建；观察课堂预设目标的达成。

引导，帮助学生自主构建知识。观察教师行为，就是观察教师给予了学生多少空间，教师组织学生的活动是否合理高效，能否体现学生的主体作用。观察学生活动，就是观察学生前置学习、小组交流、小组汇报、质疑问难以及问题生成和解决等情况。观察情境创设，就是观察教师是否能创设有利于学生学习的情境，包括生活情境、静思情境、问题情境、

对话情境、合作情境、质疑问难情境、展示情境、评价情境、练习情境、表演情境等。观察课堂文化，就是观察教师是否构建了以学生为中心的文化氛围，主要体现为学生是否自主自信、主动探究、合作探究、质疑问难，是否善于思考，大胆表达，善于表达。观察学习效果，就是观察课堂是否达成了事先设计的目标，学生的自主学习效果如何，这些才是评价的主要观察点。"

【旁观者言】
教育改革必须回答的两个基本命题

纵观世界教学变革，课堂范式经历了行为主义范式、认知主义范式、建构主义范式等多次深刻转型，面向未来，基础教育课堂教学实践必须回答两个基本命题：一是让学生成为学习的主人；二是提高与发展学生的学习力。

作为一所典型的"城中村"学校校长，面对"生源结构参差不齐"、"家长文化水平不高"、"社区人口流动性强"这样的基本办学环境，尤其是面对课堂中由于生源差异造成的"坡形结构"，黄校长创造性地实现了为每一个孩子提供适合的教育。他的整个办学实践体现了：（1）先进的教育理念——成就每一个学生；（2）科学的课程结构——发展每一个学生；（3）有效的课堂教学——适合每一个学生；（4）差异的个性发展——基于每一个学生；（5）多元的学习评价——幸福每一个学生；实践了学生发展—教师发展—学校发展的育人为本的素质教育，让"城中村"的孩子享受到最优质的教育，进而从容地回答了上述两个基本命题。

带领“乌合之众”创造高考奇迹

　　“学生（绝大多数没有考上高中）＋教师（绝大多数没有高中教学经验）”似乎与“乌合之众”之间，存在着等量关系；而“乌合之众”与“高出平均升学率三倍的教育奇迹”之间，并不存在等量关系。然而，刘校长却使后两者之间变成了等量关系，这就是教育的魅力。

刘校长是一位多年从事高三教学的"把关"教师，对高中尤其高三教学工作可谓轻车熟路。然而，当他调入企业子弟学校后，他却感到自己有些力不从心：由于学校刚刚成立高中部，不但学生基础差，就连教师水平也参差不齐。也许考虑到他曾有过多年高三教学经验的缘故，学校校长把首届高中班的班主任和高中教学的"指挥权"交给了他，并安排他担任学校副校长（以下简称"刘校长"）。

"说句实话，听到学校的安排时，我一下子就懵了。"回忆起当时的情形，现如今的刘校长仍感到后怕，"从老师看，有四个老师从来没有教过高中，三个有高中教学经历的人中，除了我有五年的高三教学经验外，一个从来没有教

过高三，另一个只教过两年高三。从学生看，由于初办高中，大多数家长不信任学校，首届高中班的 32 个学生中，只有 4 个学生的中考成绩达到高中录取分数线，其余学生的成绩离普通高中录取分数线有较大差距。顺便解释一下，由于是企业子弟学校，这些没有达到录取分数线的学生也在学校的争取下勉强就读本校高中部。"

为了确保本校首届高中升学率突破"零"，学校给刘校长下达了考中一个的升学指标，并承诺达标后，对刘校长和本届毕业班教师给予总计 2000 元的奖励。可别小看 2000 元，在当年这可是 20 个教师一个月的收入总和。

"如果我们多考一个加不加奖金？加多少？"刘校长严肃地向校长提出要求。

本就不抱什么期望的校长听到刘校长敢这样问，便只得说："多考一个加 500 元，依此类推。"

"说话当真？咱们签个合同如何？"刘校长十分认真地问。

"一言为定！"看刘校长特别当真，校长只好答应。显然，校长对这个班级的高考升学率，没有刘校长那么乐观。

于是，刘校长带领毕业班教师群体与学校签了一个高考升学奖励合同。谁也没有想到，两年后的高考结果会大大出乎所有人包括刘校长本人的预料……

无论是教学团队，还是学生构成，都与兄弟学校有很大差距，这让刘校长感到后怕。

越是逆境，越要善于发现有利因素

知己知彼，方能百战不殆。刘校长和教师一起进行学情分析，在分析不利因素的同时，努力寻找提高教学质量的有利因素，激励教师在实践中创造经验。

在学校第一次高中任课教师会议上，刘校长对教情、学情作了如下分析："我们这个教学群体有下列不利因素，一是学生的学习基础较差，而基础是学生发展的必要前提；二是大多数老师没有高中教学经验，而经验是教学成功的重要法宝；三是我们之间没有合作过，而良好的合作是形成一个优秀的教学团队的必备条件。因此，我们的各方面条件都不是很好。"

看大家的情绪比较低落，刘校长从另外一个侧面开始进行分析。他说，无限扩大这些消极要素，只能打击我们的积极性和自信心。任何事情都有两面性，我们这一届的教学工作也不例外。因此，我们必须发现事情的另一面：学生基础好可能会淡化教育的神奇作用；教学经验可能会造成故步自封；团队合作可能会因时间过长导致缺乏激情。

接着，刘校长分析了这个团队的有利因素，给各位教师谈了自己的三点看法：

一是班级学生人数少，便于因材施教，也有利于把教学目标和要求真正落实到每一个学生身上；

二是生源结构不好，即使考不好，家长和社会也能理解，因此教师思想上不应该有包袱，可以轻装上阵。而轻装上阵才能创造奇迹；

三是教师的学历除个别人是大专外，其余均为本科学历，教师学历结构比起一些重点中学还要整齐（当时，全国高中教师中还有相当一部分是中师学历），应对高中教学应该是绰绰有余的。

分析完这些优势之后，刘校长接着说："可以这样说，我们是困难与优势同在，机遇与挑战并存。为此，我们应该发挥优势，克服困难，抓住机遇，迎接挑战，开创我校高中教学的新局面。"

见教师们没有表态，刘校长情绪激昂地说道："当然，经验非常重要。但并不是说，没有经验，就不能创造奇迹。在我们中间，只有我有多年的高三教学经验，我想告诉大家这样一句话，没有任何经验是永恒的。只要大家相信我，凝心聚力，一切行动听指挥，我们就没有克服不了的困难，就一定会创造属于我们自己的经验，就一定会在三年之后取得理想的成绩。我在这里郑重表态：如果大家按我的整体安排开展教学工作，高考没有取得理想成绩，一切责任由我来承担。"

"你的胆子够大的，这么一个群体，你敢表这样的态？你当时真的有把握吗？真的有成熟的考虑吗？"我担忧地问道。

"这也是没有办法的办法。你想想看，如果我和大家一样，都被悲观情绪所笼罩，情况是不是会更糟？"刘校长反问了我一句之后，接着又自言自语地说道，"其实，我当时心里也没有底。但转眼一想，经验往往会成为新观念和新方法的阻力。没有经验，就没有包袱，才能轻装上阵，才有可能创造经验。加之，自己以前组织高中教学工作时的教师确实都比较有经验，但也正是由于他们有经验，我的许多设想都流于形式，没有办法实施。于是，

> 有了经验，容易背上包袱，因此，经验往往会成为接受新观念和新方法的阻力。没有经验，就没有包袱，就能轻装上阵，就有可能创造经验。

我想，何不借这个机会实践一下自己的想法？也许坏事可以变成好事。这样一想，我心里就来劲儿了。"

看我对他的回复不是很满意，刘校长乐呵呵地说道："不要着急，一下子就考虑出一整套方案是不切实际的。但我们可以一步一步接近真理嘛。"

删除过难的教学内容才能激发内驱力

特殊的生源结构，必须有特殊的应对策略。根据特殊的师生特点，刘校长提出了特殊的教学要求：分析高考重点考查内容，在教学过程中删除过难的约20%的教学内容。

开完这次会议后，刘校长拟定了对教师的教学要求讨论稿，并发给全体任课教师讨论。这个讨论稿主要谈了第一学年初期对各学科任课教师备考工作的具体要求。

刘校长要求各位教师分别把自己任教学科近五年的高考试卷进行认真分析。分析内容包括：近五年各自学科考试的知识点分布，重点考查的知识点，以及考试中的难点，并要求各位教师根据国家考试中心发布的考试分析数据，统计历年高考试题中每个知识点在试题中所占的比例。同时，要求各理科学科的教师把各科最难的20%的知识点找出来。

看出大家不解，刘校长解释道："特别是高一、高二的理科教学中，大家要果断地把这20%的知识点从教学中去掉。也就是说，我们要用100%的精力搞好难度相对较小的那80%的知识点的教学。当然，要以不影响后续知识的教学为原则。同时，各学科一定要在每一节课中，找准学生的知识起点，根据大部分学生的起点及新课内容，适当地布置预习任务，以消除该节课教学中的'拦路虎'，做到问题堂堂清。另外，在起始阶段，一定要注意，千万别给学生提太高的要求，作业量和教学难度也要适可而止。总之，要通过教学，让学生感到高中学习并不是十分困难的，进而帮助学生树立学习的自信心。"

算"大账"才能打"胜仗"

听到这里，我插话道："剔除20%的教学内容？你怎么可以这样做？要知道，教学大纲是不能轻易改变的。这样做，其他教师和家长会同意吗？"

"教师必须根据教学大纲的要求合理安排教学内容，这是毋庸置疑的。但这并不等于说，教师在安排教学内容时没有自主权。试想，教学内容对大多数学生过难或不适合于大多数学生，教师还一味地按照大纲的规定开展教学活动，能取得理想的教育效果吗？过难的教学内容对学生来说无异于'天书'，用这样的内容开展教学有什么价值？举个不恰当的例子，如果一个英国人对一个完全不懂英文的中国人连续讲40分钟的英文，并且要求这个中国人安静地听他讲述。岂不是活受罪吗？为什么要我们的学生这样活受罪呢？"刘校长的回答令我吃惊，"当然，由于我们的老师基本上都没有经验，因此，对我的要求，老师们一般不会提出反对意见。"

"你不怕20%的知识不讲，将来高考时学生会吃亏？"我接着问。

"吃不吃亏，得算账之后才能得出结论。事实上，20%较难的知识点，往往要消耗学生50%以上的精力。如果我们用100%的精力全力以赴对付80%难度偏低的和中等难度的知识，学生对其中90%的内容基本掌握，那么每一科目可以得到72分（当时高考每科满分为100分，共考7科），7科合起来就达到500分，而那几年我们省的高考本科分数线是480分左右。如果能达到这样的效果，学生都能考上本科院校。相反，如果教师和学生把主要精力放在20%的较难内容上，不但20%

> 教师有根据学生实际安排教学内容的自主权。教学目标要求过高、教学内容过难，往往让学生产生失败感和厌学情绪，因此必须予以合理删除。

> 内容过难不但消耗时间长，而且容易让学生产生厌学情绪。因此，内容过难，不但导致这部分内容学不好，而且会影响后续知识的学习效果。

的难点学不好，恐怕连80%的基础也未必能学好，而且还会让学生因知识过难而产生对学习的畏惧心理。对这些基础较弱的学生而言，我们这样做，恐怕是唯一的取胜之道。"刘校长思路清晰地分析着，"当然，对于那些学有余力的学生，我要求教师通过引导他们自学来解决20%中的部分难点问题。但这只是对个别学生的要求，而且给谁进行自学辅导，我们都要做严格控制。"

"你对学生的学习起点很关注，主要是出于何种考虑?"我从刘校长的回答中找到另一个话题。

分析教学的起点，就是分析最基本的学情。掌握一节课大多数学生的教学起点，是有效完成该节课教学任务的前提。

"每节课学生的知识起点是教学能否有效进行的关键。我们不关注学生的起点，教学就寸步难行。因此，分析学生的知识起点，就是分析最基本的学情。对于这些基础较差的学生而言，了解他们的知识起点尤为重要。其实，每一节课的教学内容对基础的要求并不是很多。我认为，只要教师事前把该节课大部分学生的知识起点搞清楚，并能让大多数学生掌握该节课需要的最基本的知识，这节课的教学任务就能有效完成。而有效完成每一节课的教学内容和任务，就不怕本学科的教学任务完成不了。"刘校长说道。

让学生感到学习容易不容易

高一的期中考试到了，学校教导处下发了刘校长起草的关于考试命题的指导意见。

这个意见规定：命题的知识面要覆盖所学知识的全部内容，但难度不能过大，要让80%的学生感到自己半学期的学习是有成效的，即

成绩是检验教学效果的工具，更是鼓舞士气的法宝。刘校长对考试命题的要求也很特殊：80%以上学生达到70分。

80%的学生的得分必须达到70分以上。为了保证80%的学生感到学习是有成效的，我们的教学进度也可以放慢一点，即便本学期完成不了进度也不要担心。

老师们看了刘校长的指导意见后，都感到有些吃惊。对此，刘校长解释道："考试是检测教学效果的手段，而不是为了把学生考倒，因此，考试要求和难度必须适合大多数学生的学习实际。再说，进度必须适合学生的学习程度，这也是贯彻因材施教原则的具体措施。"

"据我了解，高中阶段的考试很多学生会不及格。很多老师以为，只有这样，才能让学生感到自己的不足，才能对学生的学习产生压力。你的做法似乎有点反其道而行之？"我对刘校长的做法感到不解。

"对于那些重点中学的学生而言，出难题给学生点'颜色'看看，免得他们骄傲自满。听起来，这样做似乎很有道理。其实不然，因为难题刺激学生，给学生施加压力，只能解决外部动力问题，不能激发学生学习的内动力。因此，这样做是教师无能的表现。"刘校长不无忧

> 难题似乎能刺激学生，给学生施加压力。从本质上看，这是教师无能的表现。只有让学生感到有希望，才能巩固学习动机，才能增强学习的自信心。

虑地说，"我觉得，只有让学生感到自己还有学好的希望，才能巩固学生的学习动机，才能培植他们对学习的自信心。对于我们的学生而言，尤为如此。从某种意义上说，学习的自信心比知识学习更重要。因为他们在学习上遭受的打击太多了，他们的自信心太脆弱了。这也是我们采取诸多措施的原因。"

化难为易是教师教学技能成熟的重要标志

> 化难为易——知难而上——遇难不难，是学生学习过程中难易渐变的必然规律，也是教师教学技能成熟的重要标志。

讲到这里，刘校长略微停顿了一下继续说："对于学生而言，难与易是相对的。化难为易——知难而上——遇难不难，是学生学习过程中难易渐变的必然规律，也是教师教学艺术得到升华、教学技能成熟的重要标志。"

看我表情很兴奋，刘校长对他的观点作了进一步解释。他说：

"首先，教师要运用'登门槛'技术（先适度降低难度，再逐渐提高难度阶梯），分散知识的难点，让学生根据已有的知识（现有水平），自觉不自觉地进入最近发展区，并通过学生自己对信息的处理、加工，接受、掌握新知识，使最近发展区变为新的现有水平，这叫化难为易。"

化难为易就是教师要分散教学的难点，拉近现有水平与最近发展区的距离。

"其次，教师要在成功运用'登门槛'技术的基础上，逐渐拉大现有水平与最近发展区的距离，使学生信息处理、加工、接受、内化的能力不断提高，从而培植一往无前的勇气，这叫知难而上。"

知难而上就是教师要逐渐拉大现有水平与最近发展区差距，以培植学生的信心。

"再次，教师要时刻想到发展智能这个主题，让学生掌握学科学习的方法和策略，并尽力使其落到实处。这样，即便学生理解、掌握的知识再容易，学生也会因为智力的发展、能力的提高解决更难的问题，做到遇难不难。"

遇难不难是指学生能力提高后，再难的问题，学生也会迎刃而解。

最后，刘校长这样说道："必须指出的是，教师把知识讲得难、玄、深奥，无助于激发学生的斗志，只会使学生因畏惧学习、不得学习要领，而厌恶学习乃至学习失败，进而使学生感到失望，并最终导致学生学习更大的失败。"

知识过难，无助于激发学生的斗志，只会使学生畏惧学习，并导致学习的失败。

教的进度必须配合、服从、服务于学的进度

"教学进度完不成，你也允许?"我感到很惊讶。

"对于教师而言，完成教学进度并不难。问题是，教学进度完成了，而大多数学生没有理解、掌握，完成这样的进度没有任何价值。因

慢是为了更有效地快。如果教学进度完成了，而大多数学生没有理解、掌握，完成这样的进度没有多少价值。

此，新的教学任务开始时，我们的进度慢一点，让大多数学生能够跟上学习，了解高中学习的基本方法，是非常必要的。当学生对高中学习逐步适应，有了学习的兴趣，掌握了科学的学习方法和策略后，赶上进度并不难。因此，慢是为了更有效地快。"刘校长微笑着说。

命题时，控制试题难度，不但要求教师对教学内容和教学目标非常熟悉，而且要求教师对学生掌握知识、运用能力的情况了如指掌。

"80%的学生成绩达到70分还不容易？老师把题目出简单点，不就得了？"我对刘校长的要求不解。

"其实，这个要求并不容易做到。它不但要求教师依据教学内容和自己设定的目标科学命题，而且要求教师对学生掌握知识、运用能力的情况了如指掌。仅仅把握学科内容是不够的。此外，命题简单了，不一定能使80%学生达到70分左右的水平，除非教师完全了解学生掌握的程度和水平。如果每个教师能达到这样的要求，那是求之不得。问题是我们的老师往往命题过难或过易，把握不好这个尺度。究其原因，要么是教师对学生的学习状态不十分清楚，要么是教师的评价观念有问题。"刘校长解释道。

"据我了解，别的学校都用外边的试题来考试，你为何要老师自己命题？不怕老师故意放水给学生？"我穷追不舍。

"用外来试题考学生，一是不信任自己的教师，二是不便于教师考查自己的教学意图实现情况，三是不利于教师掌握命题技术。我觉得，教师自己命题，有利于提高命题水平，有利于了解学生对学习内容的掌握状况，以便及时调整教学策略。有些学校用外来试题考学生，除了上述三点理由，还有一个目的，那就是通过与

教师命题有利于提高命题水平，有利于了解学生对学习内容的掌握状况，以便及时调整教学策略。

其他学校的成绩比较，给教师施加压力。我认为，这是学校不信任教师的具体体现，况且生源结构不同，这样的比较也没有任何意义。不信任教师能搞好教学吗？教师不能有效考查教学意图的实现情况，对以后的教学有益吗？教师不会科学命题怎么能科学应对高考？通过成绩比较，给教师施加压力，能让教师有职业自豪感吗？能让教师以一种愉悦的心情开展教学工作吗？"刘校长通过一连串的反问表明了自己的态度。

赢在细节

除了对知识教学、考试有明确的要求，刘校长在教师工作会议上，还对教师的作业布置和分析提出了特别要求："我们每个学科都要为每一个学生建立错题档案，要求学生把每次考试、练习中的错题及解答登记在册，并要求学

> 作业在精不在多，纠正错题是关键。刘校长要求教师建立档案，并通过学生的错题检查教学漏洞。

生定期阅读、重做。每个教师必须认真检查，不能有任何疏漏。此外，还要统计错误的比率，并进行必要的补救工作。如果某一道题的错误率超过50%，教师必须考虑题目的难度或者教学中存在的问题，必要时，下一节课或下一阶段应该及时补课。错误率低于50%的题目，教师要集中时间，安排'小灶'给出错的学生进行个别辅导。这些错题，也是我们高三复习的重要内容，教师务必要请学生保管好。同时，教师还要结合学生出错的情况，及时检查教学漏洞，并在以后的教学中及时改进。"

"你的要求也太细了。"我插言。

"是的。我们的教师也认为我的教学要求太细了。但对于这样一群基础比较差的学生而言，要求和检查不细行吗？"刘校长似乎有点无可奈何的感觉。

> 常规教学管理没有多少大道理可讲。提高教学质量和效果，必须从每一个细微的环节抓起。

稍微停顿后，刘校长继续说："不是有一本叫《细节决定成败》的书吗？我觉得，这是很

有道理的。其实，在日常的教学管理工作中，是没有多少大道理可讲的。提高教学质量和效果，必须从每一个细微的环节抓起，从每一个知识点、每一道练习题抓起，来不得半点马虎和懈怠。也许正是由于我们的工作很细致，我们的学生才得以在高考中脱颖而出。"

"你好像对错题特别重视？"我想知道刘校长重视这个问题的原因。

学生容易出错的问题，往往与知识学习有关，教师要高度关注。

"我以为，除了粗心外，学生练习出错，主要是由于学生对相应的知识没有搞清。教师关注学生的错题，就是在关注学生没有搞清的知识点。这样做，一可减少教师、学生无谓的时间浪费，二可避免题海战术，集中精力解决疑难问题。"刘校长干脆地说。

心理模拟比任何模拟都重要

进入高三后，刘校长在第一次教学工作会议上提出了如下要求："首先，高三复习必须围绕疑点、重点展开，也就是围绕学生容易出错的问题、多年考试重复考查的知识点展开。各位老师要根据错题档案，分析大多数学生掌握不牢靠的知识；其次，要根据对近五年高考试题的分析，科学合理安排复习进度，千万不要浪费学生的精力。再次，高考是对学生知识、智力、心理、体质的综合考查，因此，我们的复习必须加强心理训练，同时，绝不能打疲劳战，一定要保证学生的身体健康。"

高考是知识、能力、体能和心理的综合较量。刘校长对模拟考试的要求也别出心裁：加强心理模拟，模拟试题难度、改卷要求逐步降低。

在刘校长的安排之下，该班任课教师没有一个人搞题海战术，而是围绕错题以及学生掌握不理想的知识点，进行针对性强化训练。

为了保证学生的体质，刘校长每天早上坚持和学生一起锻炼，一直坚持到高考前。同时，刘校长还要求家长必须保证学生的睡眠，坚决制止开夜车行为。

按照加强心理训练的要求，刘校长和老师们一起制定了高三第二学期的模拟考试组织的思路：模拟考试题目要由难到易，也就是第一次模拟的题目最难，以后逐渐下降难度；评分标准必须由紧到松，也就是第一次阅卷要严格按答案要求给分，以后可逐渐适当放宽。但这样做，要不露痕迹，不要让学生觉察到。

刘校长告诉老师们："总之，要让学生感到，每一次模拟考试的成绩都会比前一次有所提高。如果这样做的话，到高考时，学生对高考的畏惧感就会自然消失。"

除了提出这些要求，刘校长还在每次模拟考试前告知学生，考试的模拟题是从××市××区搞来的（补充说明，当年××市××区的模拟试题在各地的高中学校很受欢迎），针对性很强。这样一来，学生对自己成绩的提高就更加有信心了。

考试前的最后一次模拟考试，该班60%的学生的分数接近或超过了前一年该省的高考本科录取分数线。

临考前一天晚上，别的学校第二天考试科目的老师对学生千叮咛万嘱咐，说个没完。本校老师也希望再给学生讲一讲要注意的问题，

> 高考前的最后一次模拟考试和考前的心理疏导非常重要，一定要让学生树立考试必胜的信心。由于学生心理状态好，该校的高考成绩出人意料。

但刘校长拒绝了老师们的要求，并且煞有介事地告诉学生们："老师们都说，大家高中三年的学习效果很好，不需要再讲什么了，只要大家好好休息发挥出自己的最佳水平，就一定能考出好成绩。只是我觉得，还有一些事情要跟大家聊聊。"接着，刘校长以案例的方式，讲了很多考试、答卷时要注意的问题。比如，有考生考试前一晚过于紧张，睡眠不好，第二天考试时晕晕乎乎，没有发挥好；又比如，有考生因为涂改过多，像平时考试一样在试卷上贴了个纸条，试卷被作废；再比如，一个学生因为不认真按监考教师的要求检查试卷，急于做考试题目，结果少了一张试卷也不知道，等等。当其他学校的学生忐忑不安地进入考场时，这个班的大多数学生并没有惊慌失措的感觉，而是以镇定自若的心态参加高考，考试发挥出奇好。

高考成绩揭晓后，这个只有4名学生考上高中的班级，竟有17人达

到该省的大专录取线，高考升学率超过50%（而当年刘校长所在省的高考录取率不到10%），比不少重点高中的升学率高出4倍。这样一个在别人看来是"乌合之众"的群体，竟然创造了高考升学的奇迹。

高升学率是高效率教学的副产品

"你在高三的安排很特别。"我赞叹道。

"其实，这和我们的整体安排是一致的。即必须设法减轻学生的精神负担，让学生轻装上阵，以一种愉悦的心情面对学习、高考。事实证明，我们的思路是正确的。"刘校长兴奋地说。

"你关于学生的模拟考试成绩必须逐渐提高的要求，有什么依据呀？"我对刘校长的模拟考试安排提出了疑问。

> 模拟考试的目的，不是为了让学生惧怕考试，也不仅是了解考试题型，更重要的是为了增强学生对考试的信心。

"模拟考试的目的，不是为了让学生惧怕考试，而是为了让学生通过模拟考试，了解考试题型，增强学生对考试的信心。从本质上讲，我是反对模拟考试的，但如果通过模拟考试，能帮助学生树立对考试的信心，我觉得也没有什么不妥。我不认为，在最后阶段的模拟考试能帮助学生解决多少知识性的问题。很多时候，我们的老师是在进行重复、低效劳动，练习没有经过精选，考试反复考同样的知识点，学生总是在同一个地方出错。这样的模拟考试其实没有多大价值。"刘校长解释道。

"很多学校在高中阶段都把练习抓得非常紧，你的做法似乎有点不同寻常？"我希望刘校长能对破解"题海战术"支招。

> "题海战术"是教师对自己的教学能力不自信的表现。主要原因有：一是教师怕学生见的题目类型少了，二是教师怕学生不重视自己的学科，三是教师认为熟能生巧，做得多了，学生的做题技巧、速度就提高了。

"'题海战术'大行其道，是有原因的。一是教师怕学生见的题目类型少了，二是教师怕学生不重视自己的学科，三是教师认为熟能生巧，题目做得多了，学生的做题技巧、速度就提高了。这三条都是教师对自己教学能力的不自信。首先，虽然题目类型千变万化，但万变不离其宗，只要教师能让学生掌握知识的本质，了解题目的规律，就能以不变应万变。其次，能调动学生积极性的教师，学生会自觉把学习延伸到课外，根本不用担心学生不重视自己的学科。此外，如果每个学科的教师都是以这种心态给学生布置作业，学生就只能望'题'兴叹了。再次，题目是永远做不完的，也不可能通过做题，解决教学本身存在的问题，让学生没完没了地做练习，学生哪有自我'消化'知识的时间？我认为，训练是必要的，但要把握好'度'，这个'度'就是不能'挤'掉学生自我学习的时间，不能'挤'掉学生必要的休息时间，不能让学生疲劳作'战'，厌烦学习。"刘校长似乎对"题海战术"颇有研究。

接着，刘校长谈了对付题海战术的策略："教师必须精选练习，尽可能不要搞重复、机械训练，尽可能减少学生的作业量。换句话说，要通过教师'增负'，让学生'减负'。此外，学校要调控学生的作业量，各学科教师要团结一心，不能跟学生抢时间，而是要提高单位时间的教学效率。因此，从一定意义上说，高升学率是高效率教学的副产品。"

> 教师精选练习，尽可能减少机械、重复的作业，亦即要通过教师"增负"，实现学生"减负"，这样"题海战术"自然就会遁形。

"能在那样的条件下，让这个班级的升学率这么高，令人觉得很神奇。"我的赞扬中透着不可思议。

"我们只是做了每一个老师应该做的最平凡的工作。"刘校长笑了笑之后，继续说，"人们不是常说这样一句话：平凡孕育神奇。我觉得，老师的伟大就在于，我们能够通过貌似平凡的工作，不断创造学生发展的奇迹。"

"高校升学率很难因教学质量提升而变化，要是大家都像你这样干，大学岂不是容纳不下这么多通过高考的学生了吗？"我试图了解刘校长对升学的看法。

"其实，我们也不是单纯为了升学。我们的目的很简单，让学生通过高中学习，树立积极的人生态度，掌握科学的学习方法，乐观对待学习、生活。当然，我们的学生考上大学的人数多也不是坏事。另外，如果大家都这样培养学生，我们升学率低一些，我也不会感到遗憾。其实，全国的高考升学率是不变的，为什么都在为升学率竞争，原因很简单，政绩观、功利主义在作祟。如果大家都按平常心对待高考，让学生在轻松、愉快的氛围中学习，对每一个学生的发展都会有好处。"刘校长好像是在替自己解围。

是呀，如果老师都能以这样的态度对待高考，我们的学生的精神面貌就会完全不一样，应试教育对学生的危害也不会像目前这么严重。

【旁观者言】

教育进入"返魅"时代

曾几何时，由于工业化社会科学主义与功利主义联姻，教育的魅力被消解，沦落为某些具体利益的婢女，教育在普及的同时也进入祛魅的时代，大众话语中的教育成为让人诟病的社会话题。

今天，后现代思潮崛起，引发了人们对那些早已习以为常的诸多事物与观念的解构与重构。正如钟启泉先生所言，如果把探究普适性教育规律的范式的本质特征表述为"祛魅"的话，则寻求情境化教育意义的范式意味着教育开始"返魅"了。因而，需要思考的是：在这"祛魅"与"返魅"之间，教师们该怎样定义自己？

祛魅的教育观念大大简化了教育的价值。不少教师往往无视学生个体作为一个"完整的人"的特征，把教学简化为传递确定的、不容置疑的一套脱离情境而必然是乏味的原理、原则、公式。

"返魅"的教育探寻的是情境化的教育意义。情境化意味着历史的观点、社区的文化传统以及关联性的成人与儿童的经验。因而教师的经验必须被纳入到课程与教学研究中。

本文所呈现的教育案例折射出一种开放的、多元的、生态的、阐释的局面。这里，教学不再是一堆等待被人识记的"在那儿的事实"，成人的经验与孩子的经验、社会理想与社会现实、社区文化与传统都将以一种复杂的关联性被真实地纳入到教学过程中。

学校科研的理性回归

学校科研往往成为学校"装门面"的形式，程校长却通过课堂教学研究、教师队伍发展、校本课程研发三个重要途径，不但让科研为学校"做足了门面"，而且成为促进学校品牌发展的重要法宝。

程校长是一个典型的科研型校长。在她的带领下，学校在课堂改革、教师专业发展、学生社团建设和校本课程开发方面取得了显著成效，成为全国学校科研工作的一面旗帜。谈起学校的变化，程校长自豪地说："持之以恒，理性回归，以科研引领学校的所有工作，才能掌握教育的真谛。"

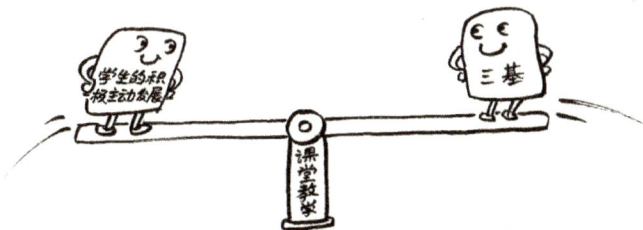

以活动为基础重建新课堂

作为一种教学方式，活动教学的活动既关注活动的外在形式，更强调活动的内在教育价值，具有自主性、建构性、开放性、创造性和有效性等特点。诚然，任何教学方式都不是万能的，都有一定的适用范围，活动教学也不例外。

下面是全国活动教学研讨会期间该校陈老师一节数学观摩课的教学片段。

师："大家想一想，买餐桌垫时，需要首先了解什么？"

生："桌面的大小，也就是桌面的面积。"

师："大家什么时候听说过面积？"

生："我们家买了面积为 83 平方米的房子。"

……

师："看来同学们对面积已经有所了解，今天我们就来学习面积的知识。"

接着，教师引导学生比较物体表面的面积大小，描"图"并比较图形的面积大小。

……

师："现在，大家能不能总结什么叫面积？"

生："物体表面或图形的大小就是它们的面积。"

……

师："现在大家分小组玩一个叫抢占敌人营地的游戏，看看哪个小组占领的营地面积大。"

教师说明游戏规则后，学生开始游戏。

……

师："现在，我们来玩抓敌人首领的游戏。敌人的首领藏在面积较大的营地里。看看我们能不能想办法找出来？"

学生以小组为单位，开展面积比较的活动，商讨比较面积的方法。

师："好了，大家分别说说怎样比较营地的大小。"

生："我们通过周长来比较大小，周长大的面积大。"

生："我们通过边长为 1 厘米的小方格来比较大小。"

师："你们认为，他们的办法怎么样?"

教师出示两个周长一样的图形，其中一个是正方形，另一个是长方形，与学生一起比较两个图形的大小。

生："啊，周长一样，面积并不一定一样。"

生："面积大小一样，形状不一定一样。"

……

描"面"——比较——游戏——讨论——比较——竞答——欣赏，活动层层铺垫，难度不断加深，学生在情趣盎然的活动中自然而然地形成了面积的正确概念并不断加深理解。

"我们提倡的活动必须具有自主性、建构性、开放性、创造性和有效性等特点，因为我们不仅关注活动的外在表现形式，而且更强调活动的内在教育价值。"一直从事这项活动教学实验研究的该校教导处项主任介绍道，"通过系列有层次的活动，使学生获得对知识原始、朴素的感性认识，进而通过生生互动、师生互动等动态过程升华为理性认识，是实现教学目标的重要途径。"

新课程实验开始后，程校长根据长期的活动教学实践，提出了要以活动为基础重建新课堂的整体思路。"之所以要提出这样的想法，是因为回归儿童的生活世界才能满足儿童对知识的需求，也才能体现教师的教学价值，而活动教学是实现这种回归的有效方式。"程校长说，"重建新课堂并不仅仅指活动的设计和实施，而且还包含着活动设计、实施过程中，对教学价值观、教学目标、教学内容、教学方式、教学评价等诸多要素的重新定位。"

学校科研不能这山望着那山高

"你们在课堂教学中的探索难能可贵，也很有成就。"我内心深处对一所小学进行这样的探索感到很敬佩。

"我们的活动教学探索，从'九五'、'十五'再到'十一五'、'十二五'，坚持了十多年，一直是在国家级课题和有关专家的指导下进行的，从未停止过。我们认为，只有在课题引领和专家指导下，课堂探索才有生命力，才有价值。"程校长并没有直接回应我的赞赏。

"很多学校对专家的指导不以为然，你们却如此看重专家的作用。能不能具体谈谈你的看法？"我就着她的话题问道。

"这牵扯到对专家的态度和认识问题。"程校长解释道，"不论怎样，专家们的视野比较开阔，角度比较新颖，对我们的探索具有很大的启发性。当然，我不否认，专家们有时过于讲究学理，与实践有一定的距离。我以为，我们实践者应该多接触理论专家，多吸收他们的理论智慧，多从他们身上汲取营养，以弥补自己理论的不足和能力的缺陷。从多年的实践看，我们和专家们的配合都很默契。"

"你曾经被评为全国科研型校长，能不能谈谈你对学校科研和校长科研的看法？"我换了个角度追问。

"呵呵，那是专家们对我的抬爱。"程校长谦虚道，"至于学校科研和校长科研，我有一些粗浅的认识，但不一定很全面。我认为，校长科研是学校科研的重要组成部分，必须置于学校总体的研究框架内，不能另搞一套……"

也许是我的问题有歧义，程校长的回复似乎不对我的胃口。于是，我打断了程校长的叙述："程校长，请允许我打断你的陈述。我干脆直接点问你吧——你能不能谈谈科研型校长和其他类型校长的区别？"

"呵呵，原来你想了解这个问题"，程校长笑呵呵地说道，"其实，校长的工作很琐碎，不应该分为科研型呀、管理型呀，等等。一定要说有区别的话，区别就在于侧重点不同。专家们把我推举为科研型校长，可能是因为我对学校科研工作比较重视吧。我觉得，学校科研是长线工作，一定要持之以恒，抓住一个与学校发展有关的课题，就要坚持不懈，持续推动，而不要这山望着那山高，一年一个想法甚至一时一个想法。比如我们学校，'九五'、'十五'期间一直跟着中央教育科学研究所专家进行实践活动教学课题的研究。'十一五'期间，我们根据新课程的要求，提出以活动为基础重建新课堂的思路。'十二五'期间，我们又根据区域课堂文化建设的需要，开展对活动教学课堂文化的研究。如果我们不停地改变课题名称和思路，我们也难以获得比较理想的科研效果。"

以科研为平台成就名师

两名全国优秀教师，四名全国科研骨干教师，四名省级优秀教师，四名中学高级教师……"九年磨一剑"，不到八十人的教师队伍中涌现了一批在省、市乃至全国叫得响的名牌教师。

"我们之所以能够快速成长，是因为扎扎实实的活动教学研究给我们搭建了平台，是因为领先一步的新课程实践给我们创造了机遇。"该校的一名全国优秀教师这样说。

作为教师专业发展的见证，该校编印的《我的教学故事》和《我的成长故事》让人耳目一新。"《我的教学故事》是老师们教育叙事研究的感悟笔记，《我的成长故事》则是学生们学习过程的心得体会。"程校长解释道，"虽然我校的课题基本上是'九五'、'十五'、'十一五'省部级教育规划课题，但我们的教育科研真正从教育教学需要出发，从来不搞花架子。"

从学校教育科研的行为中，不难看出"学校科研理性回归"的要义。

经常指导该校科研的专家有十多名，但很少是一来就做大报告的。"听课——

教师的专业发展离不开教育科研。教育科研必须以课题研究为动力，紧密结合教师的教育教学实践，才能发挥其应有的作用。

与教师恳谈——面对面指导——针对学校课堂实际讲学"已经成为专家来该校进行指导的基本范式。一名专家深有感触地说："在为老师们提供专业咨询的同时，也丰富了我们的研究资源，拓宽了我们的研究思路，这确实是一件双赢的事情。"

在长期的校本科研实践中，学校形成了"问题诊断→理论引领→实践跟进→案例分析→同伴互助→个人反思→研讨升华→行为转变"的基本流程。"在这个流程中，课堂观察、案例分析是手段，个人反思、行动研究是核心，课堂教学行为转变则是终极目标。"学校科研处张老师如是说，"目前这个流程已经基本上成为老师们科研的行为指南。"

为了使上述流程落实到具体的教育科研实践中，学校提出并实施了"青蓝工程"。工程实施后，每一位教师都有一名共同成长的伙伴。刘老师就是在"青蓝工程"中迅速成长起来的青年骨干教师之一。谈到对"青蓝工程"的感受时，他说："我们从老教师那里学到了经验和精神，老教师在我们身上找回了青春活力。'青蓝工程'的确对我们帮助很大。"

谈到学校教育科研理性回归的含义时，程校长说："所谓教育科研的理性回归，就是指教师的教育科研必须从课堂重建的需要出发，以课堂过程、生态、效果的研究为出发点和归宿，不断提高课堂教学的有效性。"

校本科研：连接理论与实践的桥梁

"你们开展教师培训的做法似乎很特别，能不能再深入谈谈？"我希望进一步了解程校长在教师培训中的创新实践。

"新课程实验以来，教师感到最困惑的是，参加培训时很兴奋，对课程改革的理念也高度认同，可是一到课堂上，又感到无从下手，仍然不能将所学的理论运用于教学实践当中。"程校长直指要害，"怎么办？我以为，教师的教学行为能否体现课改的新理念，是课改能否成功的关键，仅仅有观念的转变是远远不够的，必须教方法、给办法。比如，综合实践活动课是一门全新的课程，实验难度大、问题多，在教育观念、知识结构、实验技能、教学行为等方面都使任课教师面临巨大的挑战。为帮助教师尽快适应综合实践活动课程，我们采用'交叉培训'方法，采用'协作式'备课，让老师们在思维的互补、智慧的交融、工作的合作中，用集体的智慧和力量来打课改攻坚战。"

课程理念与教学实践的差距，是一线教师最大的困惑。解决这些问题，仅仅靠教师的观念培训是远远不够的，必须通过现场培训，教方法、给办法。

说到这里，程校长停顿片刻之后，继续说道："此外，评课也有了根本改变，由'点评'变为'对话'。评课时，专家或评课教师不再是站在讲台上点评，而是与授课教师面对面谈话、交流，'这节课你感到最满意的是什么？''还有哪些遗憾？''怎样改进才更有效？'在这种对话与交流中，对一个个问题达成共识，其他听课的教师也参与讨论，形成全面互动，这种全新的评课方式将理论与实际的教学结合起来，让教师感到亲切、自然、收获大。"

评课由"点评"改为"对话"，使理论与教学实践紧密结合，必然会发挥以评促教的作用。

"新课程实施后，大家都在谈校本科研。你以为，怎样做才能提高教师进行校本科研的参与率、主体性、互动性？"我对程校长开展校本科研的做法很感兴趣。

"提高校本科研的实效性，必须实现校本教研目标、手段、策略和内容的转变。"程校长进一步解释道，"一是校本科研目标要由原来的关注课堂教学环节的逻辑性、完整性、艺术性以及预设目标的达成，向新课程实施后更加关注学生的课堂参与、感受、体验以及生成目标的达成转变。这种转变的最终结果是：教师的教学不再是个人的独角戏，不再是教师个人的表演，而更能以人为本，更加注重教师的教与学生的学的互动，从而使学生真正成为学习的主人。

提高校本科研的实效性必须实现"四个转变"，使学校科研更能体现以人为本的理念，更能发挥教师的主导作用，更能体现教师团队的价值，更能激活教师的创新能力。

二是校本科研手段由原来的教学理论演绎，实践经验提炼、归纳、总结，资料搜集、整理为主，向新课程实施后的以案例研究、叙事研究、自我反思为主转变。这种转变的最终结果是：教师不再成为理论的'奴仆'，不再是研究的附庸，而成为理论的实践者甚至创造者，成为课堂教学研究的主体。三是校本科研策略由教师个体对教学目标、教学内容、教学过程等的独立钻研为主，向备课组、学科组对教学资源、教学媒体、教学信息的合作交流为主转变。教师不再单独作战，不再为缺乏交流而困惑。四是校本科研内容由原来的以解读、延伸教育理论，诠释、注解教学内容以及探讨、解答解题技巧为主，向新课程实施后的以正确选择、科学判断教育理论，不断改革、积极创新教学方法，大胆创设、有效生成教学情境为主转变。研究课题也随之由以理论假设为主向实践生发为主转变。"

"四个转变谈何容易？你们是如何实现的？"我咬住这个问题不放。

实现"四个转变"必须以实现"四个飞跃"为前提，在实践中加强自我反思，培养自己的"土专家"，促进不同学科间的同伴互助，提升案例研究的系统性、科学性。

"是呀，实现'四个转变'绝不是一日之功。"程校长回应道，"我们认为，要实现'四个转变'，必须实现'四个飞跃'：一是努力培养实践中的'土专家'，逐渐摆脱对理论专家的依赖，实现专业引领的飞跃。初期，我们主要依靠全国知名的课改理论专家的引领，诸如专家报告、零距离对话等形式，帮助教师转变观念。一定阶段后，我们针对教师们观念转变后，课改理论与教学实践脱节的现实，让'土专家'担当专业引领的重任，专业引领的目标也由观念先行向实践可行转变，由对观念的通识培训向学科的技术培训转变。二是在同学科组内开展同伴互助的基础上，推进不同学科、不同学校之间的同伴互助，实现同伴互助的飞跃。初期，我们的同伴互助主要是同学科组内的教师之间的互助。教师对课程标准及新的教学技术基本掌握后，我们通过教师沙龙等手段把同伴互助引入不同学科，互助的内容也由对学科课程标准的理解、贯彻、实施为主，转变为对新的学习方式、教学方式、教研方式的交流、探索、体验为主。三是在普遍推行案例研

究的基础上，加强案例研究的系统性，实现案例研究的飞跃。初期，我们案例研究的目标是，使老师们对新课程的教学设计有感性的体验，为教师按照新课程理念开展教学活动创造条件。一定阶段后，我们提出要改变案例研究随意性较大的做法，强化案例研究的系统性、科学性，即案例不再是随机的课例分析，而带有一定的选择性，研究的目的也不再单纯是体验新课程理念，了解新课程的教与学的方式，而转变为系统、科学地研究和解决新课程实践中出现的新问题。四是在强调课后反思的基础上，加强对新课程的全面反思，实现自我反思的飞跃。初期，我们提出全体参与新课程实验的教师必须进行课后自我反思的策略。一定阶段后，我们提出教师不但要对新课程实践进行反思，而且要对新课程理论进行反思，这样的反思不但使新课程理论与实践的距离不断缩小，而且还发展、完善了新课程的理论体系，也就必然成为促进教师专业成长的重要途径。"

以环保为重点开发校本课程

校本课程是学校特色形成的真正体现。学校充分利用家长资源和环境资源，以环保为重点开放校本课程，为建设国际生态学校打下了坚实基础。

这是一个周末。该校六年级某班同学在班主任孙老师的带领下，来到位于学校附近的深圳市生产海洋钻井平台管道的公司参观。由于该集团的老总系该班一名学生的家长，孙老师给这次参观起了一个好听的名字：到父辈工作过的地方学习。

同学们对这次活动的热情极高，并由这次活动引发了另外一个问题：海洋石油勘探是否会引起污染？带着这个问题，孙老师又带领学生们到中国海洋石油公司参观。

两次参观，同学们目睹了工人们的辛勤劳动，聆听了专家们的讲座，并对海洋产生了浓厚的兴趣。

于是，孙老师又组织学生们开展了海洋环保的调研。调研结束后，

学生们纷纷写出了关于海洋污染的调查报告。"我在调研中发现，海洋开发中还存在着很多问题，如生活污物排放、无节制开发海洋、海上污染，等等。我多么期望我们人类能爱护这蓝色的海洋。"一名学生在自己的调研报告中写下了这样一段话。

令孙老师没有想到的是，这样一次简单的活动竟生发了一门校本课程：蓝色环保。

"我们之所以把蓝色环保作为学校的主要校本课程，是因为海洋是孩子们生活的真实环境，是因为环境问题已经成为孩子们生活的世界的重要问题。"程校长解释道，"只有让我们的教育回归孩子们生活的真实世界，孩子们才会对学习、探究过程充满兴趣，我们的教育才会取得更为理想的效果。"

从此，该校有关海洋环保的活动就此起彼伏，越来越多。如，五年级二班组织学生通过模拟潜水开展清理海底垃圾活动，六年级三班组织学生到深圳市红树林生态保护区考察，少先队大队部组织学生到大梅沙发海洋保护传单、捡沙滩垃圾，等等。"虽然孩子们的调研报告可能对科研的参考价值不大，甚至可能显得很幼稚，但孩子们通过调研逐渐形成的科学探究精神会使他们终身受益。"谈到对学生写作调研报告的感受时，学校少先队辅导员赵老师这样说道。

由于该校十分重视环保教育，该校成为国家表彰的省级绿色学校并获得国际生态学校的荣誉称号。

除了开设环保课程，学校还开设了民族舞蹈、少儿芭蕾、摄影、跆拳道等校本课程，从而为学生健康、多元发展创造了更为有利的条件。

校本课程：学校特色多元化的原动力

"开设校本课程，对学校的挑战不小。从你们的实践看，你认为，这些挑战主要表现在哪些方面？"谈到校本课程，我有很多疑问需要解答，借机向程校长抛出了一个。

"正如你而言，开发校本课程是一个很大的挑战。"程校长点了点头，继续说道，"我认为，挑战主要来自两个方面：一是教师的课程研发能力严重不足；二是学校的校本课程资源建设不到位。这些挑战与我国长期以来形成的国家课程占垄断地位的不良传统有关，解决这些问题不是一日之功。但由于我国长期存在的课程设置和课程管理的大一统格局，制约了学校特色的形成和发展，淡化了学生特长的培养，弱化了学校教育的功能，剥夺了学校办学的主动权，因此广大中小学对校本课程的需求更为强烈。正是基于上述原因，我们克服了诸多困难，强化校本课程建设，取得了一定的成效。"

校本课程的挑战主要来自师资和资源两个方面。提高教师的课程研发能力，必须大力改革师范教育；而加强学校课程资源建设，有赖于教育投入的持续增加。这些绝非一日之功。

"能不能具体谈谈你们是怎么开发校本课程的？"我不想让程校长轻易"过关"。

"我们开发校本课程，主要是从对学生布置的开放性作业的挖掘入手来形成校本课程。开放性作业提升为校本课程的途径为：给学生布置开放性作业——选择有代表性的内容开展综合实践活动——将其

开放性作业——选择有代表性的内容开展综合实践活动——将其中可以重复进行的活动提炼为校本课程，无疑是校本课程开发的路径之一。其实，校本课程开发也不应局限于这一路径，还可以挖掘教师和家长的潜力，形成独具一格的校本课程。

中可以重复进行的活动提炼为校本课程。这样的校本课程来自学生的实践，来自学生的生活，但又与学生的实践活动有着质的不同，因此它必然贴近学生的实际生活，必然会受到学生的欢迎，也必然使校本课程富有生命力。"程校长兴奋地说。

"我注意到，你们在开发校本课程时，非常重视家长资源。能不能谈谈你们的思考？"我问程校长。

"家长是学校教育的重要资源，也是开发校本课程的重要资源。"程校长回应道，"我们开发家长资源主要通过两个渠道：一是利用家长所在单位的资源，为学生提供实践和考察的场地，二是利用家长自身的资源，让部分有一技之长或有特别才能的家长承担必要的校本课程教学任务。

事实证明，开发家长资源，弥补了学校课程资源的不足，提高了校本课程的效果。"

【旁观者言】

捡起苏霍姆林斯基的钥匙

本文告诉我们这样一个简单的道理，即使从功利的角度来说，今天的校长们也有必要华丽转身，捡起遗落多时偶尔想起的苏霍姆林斯基的那把钥匙。

科研通向专业，科研通途幸福之路，根本在于教育本质上是一种创造性活动，是在多变的个体的不确定性中找寻确定性的规律并给予规律性的科学解释。而我们的职业倦怠，也往往缘于千百年来对低效甚至无效劳动的简单重复。

教育需要创造性，教育领导尤需创新。创新来自工作中研究、研究中工作的行动研究方式。然而，在实践者、管理者、服务者、领导者、学习者、反思者等诸多角色中，科研者无疑是一个具有挑战性的角色，反思主义的管理者毕竟是少数，这也是苏氏箴言好看不好用的根本原因。但是，如果是一个有大智慧的校长，至少应该明确：

过分强调教育投入的时代已经基本结束了，硬件因素遮蔽软件因素的时代已经基本结束了，仅仅依靠行政权威办学的时代已经基本结束了。而即将开启的是——一个伟大的教育家办学的时代。这个时代要求尊重规律与科学发展，按照教育规律和身心发展规律办学；这个时代要求校长的专注和专业。

科研专家治校的"三板斧"

　　人们往往以为，校长需要足够的管理经验，但余校长这个科研专家出身、缺乏学校管理经验的校长，却通过良好习惯养成、提高课堂教学水平以及满足教师人生价值这"三板斧"，把一个新办学校办成了响当当的品牌学校。余校长的事例充分证明，只要用"心"办学校，科研专家办学一定会更有成效。

五年前，余校长从教育科研管理岗位转岗到一所新办学校担任校长。

新校长办新学校会不会办不好？科研专家办新学校会不会走样？余校长就是在众人的疑惑中走上校长岗位的。上任后，余校长抓住培养学生习惯、狠抓课堂改革以及教师队伍建设这三个关键因素，旗帜鲜明抓改革、抓管理。五年后，这所新办学校虽然还谈不上全国名校，但却朝着既定的目标奋力前行，成为当地响当当的品牌学校。

从培养良好的习惯做起

从一定意义上说，德育就是培养好习惯。学校把习惯培养作为德育重要的内容，贯穿于教育教学的整个过程中，收到了良好效果。

有一天，一名学生的铅笔从课桌滑落在地上，恰好被余校长看到了。他蹲下身捡起后交给这名学生。学生张眼望了一下校长，没有说话。余校长没有移步，而是静静等待。两分钟过去后，见学生没有反应，他温和地说道："孩子，我等你说声'谢谢'呢！"这时，这名学生赶忙向校长鞠躬，不但说"谢谢"，而且还连声说"对不起"。

这是余校长狠抓学生养成教育的一个片段。

在余校长看来，养成教育不是空洞的说教，也没有必要提出一些必须怎样怎样的条条框框，而是必须把其融入教育教学活动中。于是，余校长在学校搞了两个大动作：一是举行由教师、学生、家长、有关专家参加的"四方会谈"，面对面讨论作为中小学生应该养成哪些好习惯。二是在"四方会谈"的基础上，开展文明形象设计大赛，让每个学生进行自我设计——现代文明人的形象。

有的学生提出要做优秀的国际小公民；也有的学生提出，男同学应如"小绅士"，女同学应是"小淑女"；还有的学生将应形成的各种好习惯编成"三字经"、"四字歌"。学校及时将每个学生的设计进行展示，并进一步扩大和深化，编写了包括校园、家庭、社会、网络、涉外活动五个方面的文明礼仪三字歌和《学生一日行为标准》，编制了"校园文明礼仪三字歌"手语操和手语操绘本，坚持每天与广播操一起演练手语操。

学生在学校培养习惯方面有很大的发言权。一次，五六个初中新生找到余校长提建议——街舞好玩，又能强身，希望将其作为课外活动项目。后来，学生处组织了街舞课外活动小组，让有类似兴趣的学生课外有了好去处。

学校如此，班级更是如此。老师们深知，学生一天在校五六个小时，主要生活在班级，他们必须让学生在班级中快乐成长。应运而生的，便是丰富多彩的班级文化。学校30多个班级的教室，真是千姿百态，异彩纷呈。各班有不同的班徽、班训，每间教室四面墙都有不同的布置和功能。就是同一内容，表现的形式也是不同的。如每个班都重视阅读，有的有读书墙，有的有图书角，有的有漂流书屋，有的陈列着读书卡、荐书卡、求书卡、好书约会卡……

家长是孩子的第一任教师，义务教育阶段孩子在家庭中的时间比在学校长，家长对孩子好习惯、好品德的形成至关重要。因此，余校长高度重视家庭阅读习惯的培养。孩子们回到家里，都有亲子阅读时间——父母与孩子同读一本书、一篇文章；高年级学生还自觉安排了半小时独立阅读时间。四年级某班一位学生的父亲说，他们家一天最温馨的时刻，是每天晚上饭后的15分钟，电视一关，一家三口就共同读书。《安徒生童话》《成语故事》等都是这样一起读完的。如今，不但孩子会自觉读书，连我们家长也养成了读书习惯。

这所学校有两个在其他学校少见的节日，一是邻居节，二是同学节，这两个节日都离不开家长的策划和参与。在这两个节日里，除了以班级为单位开展的"周末欢乐一日游"等集体活动外，更多的是"找伙伴到家里过周末"，"请家长代养同学一周"等家庭式活动。三年级有个学生有挑食、沉迷电视的毛病，有位家长代养了他一周。这一周里，他的爸妈一直焦躁不安，生怕他在同学家闯祸。让他爸妈没想到的是，一周后回到家里，他不再挑食了，制订了看电视的计划，还振振有词地对父母说："电视是把双刃剑，看得恰到好处，既学了知识又愉悦了身心；看多了看滥了会扰乱有序的生活。"并建议爸妈看电视要有度，还提议与家长互相监督。

此外，学校还通过学生人手一册的《倾听花开的声音》——学生成长记录和每学期模范小公民的评选，强化良好习惯的养成。在小册子《倾听花开的声音》里，不但载有学生一日行为标准，载有文明礼仪行为考核标准，而且载有学生文明礼仪周评、期评、学年考评表，让学生自己、家长、同学、教师定期评价各自的日常文明礼仪行为，以评价做杠杆，引导学生养成良好习惯。不但如此，各个班级还开展"我们好习惯是怎样养成的"、"我们离好习惯养成还有多远"以及"小绅士出行记"、"小淑女出行记"等活动。

也许，正是由于学校抓住了养成教育这个德育工作的魂，坚持不断地推进德育创新，该校的德育工作才受到国家、省、市诸多媒体的特别关注，成为当地的德育示范学校。

让良好习惯成为每个学生的终生财富

没有良好的学校文化，养成教育就无从谈起，习惯培养就是一句空话。而不管这习惯、那习惯，好读书、读好书才是最重要的习惯。

"你们的班级文化确实令人耳目一新。很有意思的是，你把班级文化与习惯养成放在一起谈。能不能进一步谈谈你的想法？"显然，我觉得班级文化与习惯养成之间的关系不是很明确。

"呵呵，学校文化、班级文化是养成教育的重要载体。"余校长先是爽声大笑，接着颇认真地说，"没有良好的学校文化、班级文化，养成教育就无从谈起。此外，不管这习惯、那习惯，好读书、读好书才是最重要的习惯。因此，虽然我们的班级文化呈现出很大的个性特点，但其重心还是营造温馨的读书环境，并通过环境的营造，让学生每天课外读书，形成良好的读书习惯。"

"据我所知，你们学校的五套文明礼仪三字歌被有关专家誉为中小学德育工作的'全武行'，你怎么看？"我接着问。

"这个表扬多少有点夸张。我觉得，强记、强背、强练，当然可以增强对文明习惯的理解，增强学生习惯养成的自觉性。但要让每个学生真正形成良好的文明习惯，使之成为终生财富，关键还在坚持不懈地实践，以及在实践中不断总结和升华。"余校长在这一点上头脑非常清醒。

"邻居节和同学节的做法很新颖。能不能谈谈你们的初衷？"我对余校长设立这样的节日颇感兴趣。

"设立邻居节主要与现代都市人之间过于陌生的现实有关；而设立同学节则与当代独生子女的同伴意识较弱有关。"余校长解释道，"我们认为，人际交往是关键能力，团结合作是重要品德。只有认真倾听别人讲话并积极采纳他人的正确意见，人际交往能力和团结合作的品德才能得到培养。邻居节的设立，促使孩子们尝试与邻居打交道，有助于培养他们的人际交往能力；而同学节的设立，则能促使孩子们学会认识同伴、关心同伴，有利于增强同学之间的感情，培养团队意识和合作精神。"

在上好每堂课上下工夫

每门学科的教学以至每堂课都能成为精品，是余校长心中的理想。毫无疑问，对教师而言，这是很高的要求和严峻的挑战。那么，实际情况如何呢？

在当地市教育局组织的办学水平督导评估中，专家们用推门听课和抽样看备课本、课例的办法进行了现场督导，得出的结论是：该校的课堂堪称精品。

杨老师执教的初中一年级数学课"平行线的性质与判定的运用"是一个开放性的课堂。这堂课上，学生完全放开了"手脚"。教师只讲授了15分钟，先用10分钟复习知识，分析定义，最后用5分钟总结掌握本节课知识需要运用的方法、易错点和关键点。其余时间，教师将学生分成6个小组，让每个小组寻求不同答案，提出难点问题，寻求解决方法。讨论中，每个小组都有一块小黑板，可以将讨论过程、结果记录在黑板上。

王老师上二年级语文课《我不是最弱小的》的第二课时，重点训练学生读和说的本领。其中"娇嫩"、"随风起舞"、"芬芳扑鼻"等新词必须要学生理解，才能正确朗读。王老师是这样引导学生的："你觉得生活中什么是娇嫩的？"（我觉得教室的鲜花是娇嫩的，我觉得我刚满月的弟弟的小屁股是娇嫩的，我觉得我养的那只小鸡是娇嫩的，等等）。"读'随风起舞'或'芬芳扑鼻'这些词语时，你仿佛看到什么？闻到了什么？"（我仿佛看到蔷薇花在风婆婆的爱抚下，扭动身姿，跳起了美丽的舞蹈；我仿佛看到花儿在风中翩翩起舞的样子；我仿佛看到了小蜜蜂在花中采花蜜；我仿佛闻到了浓浓的花香，好舒服！）……

一天下午，一个不足一米高的残疾人——"面人张"在师生们最热烈的掌声中佝偻着身子登上了学校的美术课讲台。

原来，学校教美术的方老师曾上过以五彩橡皮泥为制作材料的"面塑"课，但总感觉效果不理想。一个偶然的机会，他被用面塑摆地摊的不足一米高的一位残疾人迷住了。这位人称"面人张"的残疾人技艺了得，一团团颜色各异的面团经他双手捏捏，就能变成一件件活灵活现的艺术品，从姜太公钓鱼到奥运福娃，从孙悟空到机器猫，从街心花园的一枝一叶、一花一木到《红楼梦》《西游记》等名著里的人物造型，经他面塑之后，都栩栩如生。

得到学校领导批准后，方老师邀请"面人张"到学校上美术课，专讲面塑。于是，就有了上文动人的一幕。课堂上，"面人张"用自己的亲身经历让学生明白了这样三条看似简单的道理：第一，有志者事竟成；

第二，熟能生巧；第三，在具体操作上最重要的是观察，要细要准，不要急于求成，从部分到整体，做成一件再做一件。

令人匪夷所思的是，到学校做义工的深圳大学学生也能按照精品的要求上课。小章上美术课时，讲"颜色"一课时就拿出一幅美术作品，让学生讨论画家是怎样着色的。又拿出一幅未着色的半成品让学生讨论该如何着色，然后要学生自己作一幅画，着上颜色并说明为什么这么着色。她说，这样做虽然有难度，但因为学生的绘画能力和想象能力不同寻常，所以适当增加难度，有利于充分发挥学生的积极性，她的尝试最终收到了理想的教学效果。

英语教学是该校最具特色的课程教学，学校在这方面作了很多大胆尝试：一是开设每周一节的校本课程——英语报刊阅读课。选用《21st Ceutuny》等作为一至七年级的阅读材料；二是进行"新派英语故事的二次创作"。要求每个学生根据所学的新派英语故事，编写对话或句子并配上图画，制作成意思连贯的画册，制作成"英语绘本"，以此来培养学生的创作能力；三是开设英语电影欣赏课。学校专门从西南大学外语学院引进了200部英语原版电影，不定期组织学生观看；四是创设学习英语的环境。每年举行英语文化节，举办英语故事大赛，坚持英语歌曲天天唱，中午进行 BUDDY - TALK 等活动，营造有英语特色的班级文化和建立双语教学系统；五是加强对外交流。作为国际学校联盟的成员之一，该校还定期与美国、瑞典各一所学校进行网络视频交流，提高学生的英语对话能力。

除了推进课堂教学改革外，学校还用评价制度改革确保课堂改革的实施。下面是该校别开生面的期末考试。

这一天，孩子们提着五颜六色的包，穿着漂亮的衣服，带着心爱的玩具来到学校，一个个将考试当做过节一样。期末考试的试卷也不叫试卷，而叫"语文欢乐游"、"数学欢乐游"，英语则叫"听力大比拼"、"笔力大比武"。语文考试中，填反义词的题目变成了"我知道谁爱跟小朋友作对"，把句子补充完整的题目变成了"我会让这些句子长出头和尾来"。数学不再是考试，而是60分钟"连闯六关"，包括"神笔补空"、"火眼金睛"、"欢乐竞猜"、"妙尺生数",等等,将对孩子掌握知识情况的考查融入富有趣味的游戏中,非常贴近孩子的生活,符合孩子的心理特点。

学生们拿到试卷后都很放松,像做游戏一样开开心心地完成考试。一名四年级的男生高兴地说:"我以前可害怕考试了,考试前都睡不好觉。但现在不怕,我觉得考试像过节一样,很好玩,也不累。"

"四个走向"促进教学改革不断深化

"'面人张'的案例给我很大启发。你能不能谈谈为什么你们的老师会产生这样的设想以及你们批准这个设想的理由?"我试图进一步了解学校课堂教学改革的动机。

"这个案例看似偶然,实则必然。从本质上看,这与我们课堂改革的整体思路有关。"余校长侃侃而谈,"具体说来,我们的课堂改革可以归纳为'四个走向':一是力求突出教学空间的开放性,从'封闭'走向'开放';二是突出学生主体的体验性,从'展示'走向'体验';三是突出教学方法的探究性,从'接受'走向'探究';四是突出教学目标的综合性,从'单一'走向'综合'。这'四个走向'实际上就是以学生为主体原则的具体体现。"

"你们的英语教学选用英文报刊也很特别。是否与上述思路有关,请你进一步谈谈自己的想法?"我的问题指向该校独特的英语教学改革。

"我们的英语教学改革很好地贯彻了'四个走向'的思路,这是全校英语教师的集体智慧。"余校长赞扬之后,继续解释道,"英语报刊题材多样,内容丰富多彩,融知识性、趣味性、实用性、时代性为一体,是激发学生英语学习兴趣,培养学生英语阅读能力的重要载体。在具体教学中,老师们充分运

无论是中文报刊,还是英文报刊,都具有题材多样,内容丰富多彩,融知识性、趣味性、实用性、时代性为一体的特性,是激发学生语言学习兴趣,培养学生阅读能力的重要载体。

用英语报刊自身语言和文本形式新颖灵活、变化丰富等特点，激发学生对英语阅读的兴趣与求知欲。为了提高课堂教学效益，我们的老师课前都要对阅读文章进行精心选择，并在阅读之前开展'热身'训练。具体教学过程中，我们特别重视培养学生的阅读技能，如在阅读新闻报道时，要求学生根据新闻标题，用查读的方法快速从语言材料中查找到新闻的主要内容（如来源、时间、地点、所涉及的人物、数据等）。如学生阅读的文章篇幅较长，就指导他们运用略读通览的方法进行阅读。"

"考试改革呢？也是这种思路的产物？"我进一步追问。

"我认为，学校评价改革同样要坚持'四个走向'。"余校长坚定地说，"坚持'四个走向'，考试就要人本化、生活化、游戏化。事实上，我们的考试推翻了传统的老师要考倒学生的呆板的形式，使学生在游戏、竞赛中夯实知识、展示才能，同时收获欢乐，得到成就感。它与我校日常教学中坚持的以学生为主体的理念是完全一致的。"

"能不能再谈谈你们在评价机制改革中的其他举措？"我希望进一步了解余校长的想法。

"你是不达目的誓不休呀。"余校长笑了笑之后，回应道，"在评价机制改革方面，我们主要进行了三个方面的尝试：一是建立了促进学生全面发展的评价体系，改一次性卷面考试为分散的多种形式的考查；二是改变百分评定法，采用等级计分和无劣等考查法；三是改成绩报告单为推行素质发展的学生成长手册、家校联系手册。这样的评价不仅关注学生的学业成绩，而且发现和发展学生多方面的潜能，了解学生发展中的需求，帮助学生认识自我，建立自信。"

考试人本化、生活化、游戏化是一个值得肯定的探索方向。但要在全国范围普及上述"三化"既不现实，也没必要。

评价机制改革是一个复杂的系统工程，不应局限于考试制度改革，还应包括学生素质评价和综合表现评价。

让每个教师实现人生价值

在余校长所在的学校，80 多名教师有三成是各地调入的，有七成是从大学毕业生中聘来的，虽然这支队伍很年轻，至今平均年龄只有 31 岁，但个个都很优秀，都具有强烈的质量意识、创新意识、竞争意识、服务意识、责任意识和团队意识。近半数教师成为区以上优秀教师，

教师是学校的核心竞争力，有了一支优秀的教师队伍，学校发展才有根本保障。通过职业生涯规划指导及专业素质提升，可以促进教师价值的实现。但要让每个教师实现人生价值，无疑是一个巨大的挑战。

其中各级名师有 11 人，远远超过了建校初期确定的 5 年培养 3 名名师的目标。

许多教师聊起被余校长选中或接受余校长指导的故事时津津乐道。"不管经历如何，都直接得益于余校长的言传身教，个个都成长很快。"一位教师这样评价道。

下面是几位教师成长的典型案例。

杨老师原本是优秀的语文教师、优秀班主任，通过多次交谈，特别是了解她开展班级文化的创意后，余校长觉得，她是一个优秀的语文教师，但更是一个拔尖的德育工作者，便与她讨论职业规划，建议她改教思想品德课，专事德育工作。过了一年后，又提拔她担任学校学生处主任。如今她做中小学德育工作如鱼得水。

王老师很想做专任教师，但她更精于管理，余校长反复做她的工作，分析她的优势、劣势，建议她在教务处从事教学管理。王老师很快进入了角色，在全面实施素质教育以后，探索出了一套不以分数评价学生、教师、班级，而又能进行目标管理，对教师、班级、年级进行质量监控的系统办法，在推进民主管理、科学管理上做出了成绩。

除了手把手进行业务指导外，余校长在管理上采取了两大举措提高教师队伍的整体素质：一是坚持不懈抓常规管理，二是抓个体培养和

培训。

在常规管理方面，学校主要抓学科教研组、备课组组织的微格教学、案例教学活动。从学校开办至今近5年，没有一周间断过。备课——说课——试教（进行录像）——评课——反思、写课例——再上新课，不管什么学科都一环一环抓，从未放松。常规做到极致就是卓越。虽然该校以年轻教师为主，但他们大学毕业一走上讲台后，就这么一节课一节课地磨炼，终至人人都可以成为优秀教师。有20多名教师参加工作仅一两年，便可到外地，甚至国际教学论坛介绍自己的教学理念、经验。

学校有"名师工程"这样的高端培训；还有"青蓝工程"这样的青年教师培训。

在业务培训方面，所有青年教师都要拜师，而且学校要举行一年一度的盛大拜师仪式，从而使新老教师之间结成捆绑式的"成长共同体"。一般情况下，"师傅"先上第一节课作示范教学，"徒弟"再模仿上第二节并广泛使用"微格教学"进行"一课二评或多评"。评课后，徒弟必须在另外一个班再上一节修改后但教学内容相同的课，如教学效果不理想甚至要"一课六上"（一个年级六个班都要上）。每一位年轻老师就是在这样严格的磨炼中成长起来的。

在青年教师高速高质成长的同时，余校长特别注重高端培养。作为学校首批特级教师，李老师就是余校长高端培养的成功典型。谈到自己的成长过程，李老师激动地说："我的成长是环境使然。如果不遇到余校长，至今我都成不了特级教师。"确实，学校不仅给李老师提供了多次外出学习、研究的机会，余校长还手把手帮助李老师改革教学，使她顺利进行了任务型教学的课题研究，形成了比较系统的教学新理念。

在当地，余校长"护犊子"是出了名的。

学校开办之初，陈老师曾遭到班上家长联名投诉，说她用方言对学生动粗口，教学讲不清知识点，学生回家做不出作业。家长质问学校为什么要用这样的教师。陈老师感到很委屈，有理难辩，以泪洗面。对此，余校长随即召开家长会，检讨了自己、学校与家长沟通不够的不足，肯定了家长的投诉是对学校的关心支持，对他们表示了感谢，同时向家长承诺，一定把事情搞清楚，给家长一个满意的交代。将家长安定以后，余校长又找教师安定情绪，同时紧锣密鼓做了四件事，一是就陈老师师德师风、教学等问题对学生进行了问卷调查；二是请区教研员通过推门听课，调查陈老师教学水平；三是请区教研室出题，悄悄对4所学校同年级数学进行同步水平测试；四是找几个陈老师的老乡弄清用方言动粗口的问题。

结果显示，90%的学生喜欢陈老师，喜欢陈老师的课；陈老师教学水平属一流，知识点把握得准，课堂引导学生得法；同步水平考试陈老师所教班级成绩列第一；而所谓粗口方言在她的家乡属流行的俏皮话。

此后，学校举行"四方会谈"。会上，家长释怀，正式要求撤诉，并向陈老师道歉；这时，陈老师又一次哭了，不过这次是被余校长感动了，被学校、家长感动了。几十名青年教师的眼眶里也充盈着泪水——有这样的校长，有这样的学校，是多么幸福，多么值得骄傲啊！

成就感和幸福感是教师实现人生价值的重要标志

"让每位教师最大限度地实现人生价值，一个很有煽动性的理想命题。"我边自言自语地说，边望着余校长沉思。

"怎么啦？你是不是认为这个目标太理想了？"余校长的问话打断了我的思考。

还没有等我回应，余校长接着说："是的。在当下，这个目标确实有点理想化。但我们不能因为现实条件不允许，就放弃我们对理想的追求。我认为，教师的职业倦怠既与教师对人生价值的理解有关，更与学校的教育环境有关。解决教师的职业倦怠问题，首要的是创造良好环境，最大限度地激发教师的内驱力。作为一校之长，校长必须以教师为本，选好、用好、培养好每一位教师，让每位教师实现价值最大化、最优化，让每位教师不仅有

> 解决职业倦怠问题，必须创造有秩序感、道德感的教育环境。
>
> 校长的责任就在于，选好、用好、培养好每一位教师，激发每一位教师的内驱力。

责任感，还要有成就感、幸福感。而成就感和幸福感是人生价值实现的主要标志。"

"要最大限度地实现人生价值，就必须进行职业规划。我的理解有没有道理？"我接过余校长的话题问道。

"是的。帮助每位教师作好职业规划，甚至是人生规划，教师才有努力的方向，才有动力。"余校长肯定道，"我认为，每位教师的规划要顾及学校整体需要这个前提，但要坚持因人而异，用其所长。一般说来，教师的成长有其阶段性，具体来说就是，三年成长、五年成熟、十年成为名师。我要求每位教师都要确立好自己的目标，目标确定好以后，每个教师就要按这个目标努力。"

"你处理陈老师的事情很用心，难怪大家都说你'护犊子'。"我赞叹道。

"每位教师都是学校的宝贵财富。实现教师的人生价值，校长必须充分理解、尊重、欣赏教师。如何对待家长投诉，是校长能否尊重教师的试金石。我觉得，对待家长投诉，校长一定要慎之又慎，既不能迁就家长，批评自己的教师，也不能袒护教师，对家长的投诉置之不理。

而是要认真调研，了解投诉的原因，在帮助教师改正问题的同时，消除家长的疑惑。"余校长虽然没有直接回应我，但道出了自己处理陈老师一事的原则。

【旁观者言】

读好"3+1"本书

做一个专家型的校长需要读好"3+1"本书：读懂学生；读懂教师；读懂自己。当然，任何时候最重要的前提是读懂"课"。

读懂学生，其实就是如果你爱孩子，想成就孩子，你就给他一个成就一生的好习惯。习惯是我们每个人每一天的起跑线。教育就是培养好习惯。

读懂教师，需要认识到一点，即教师是每个校长的贵人，教师在成就校长。教师关心孩子的幸福，校长则还要关心教师的幸福。

读懂自己，这本"书"太难。这个，让教育家们去说吧。

但不能回避的是读懂"课"。

这是孩子成长的核心，也是我们每日工作的中心。每个教育工作者其实都是在"课"中存在，"课"使教育身份具有了合法性。

本"课"的精彩之处在于，它以一种举证的方式回应了课改十年来，教育大家们基于"五斗米"立场而喋喋不休、旷日持久并绵亘至今的一场课程与教学论之间的论战。当学者们还在为文字游戏和无聊争辩殚精竭虑时，课改实践者的方式是，静悄悄生长起来的，一种草根的、充满生命力的、带着泥土芳香的"改课"实践。

仔细阅读本文中的这么一段话："课堂改革力求突出教学空间的开放性，从'封闭'走向'开放'；突出学生主体的体验性，从'展示'走向'体验'；突出教学方法的探究性，从'接受'走向'探究'；突出教学目标的综合性，从'单一'走向'综合'。"谁还会怀疑以下这段文字：

"如果说新课改理念在显性层面上体现为一种自上而下的'植入式'的变革，而在中国大地上实际发生的'改课'实践则无疑是一个生长性的中国特色进程。"

本"课"似乎也告知我们这些书斋学者们：打开窗看看，到田野走走，毕竟"纸上得来终觉浅，觉知此事要躬行"。

一句话，教育家在民间。

品牌学校是这样建成的

　　面对生源结构不好的现实，武校长以文明礼仪教育为特色生长点，聚集起全校师生改变的力量，致力于学校特色建设，并通过学校特色带动学校各方面的改革和发展，使该校成为当地的特色学校，并逐渐形成了学校的品牌效应。建设品牌学校的路径也清晰可循：寻找学校特色生长点→培育学校特色→建设特色学校→放大学校特色成品牌效应→建成品牌学校。

受聘于深圳特区的一所薄弱学校担任校长之前，武校长曾是另一座城市中一所知名小学的校长。教学业务上，他是省级特级教师；学校管理方面，武校长更是拥有耀眼的光坏：作为全省唯一的代表，参加了国家教育部在北京师范大学举办的首期骨干校长培训班，可谓功成名就。

来到深圳特区的这所薄弱学校后，武校长针对学生行为习惯不好、教师自信心不足的实际，带领学校班子，团结全校教职工，以文明礼仪教育为突破口，用自己的爱心、责任心和人格魅力，在短短三年时间内，让这所学校的面貌发生了彻底改变，使其成为在当地乃至全国都有一定影响的品牌学校。

"说实话，从一所省级名校到特区这样一所薄弱学校工作，我心里非常不是滋味。当时的感觉的确非常不好，加上自己原来单位的领导不愿意让我离开，我甚至产生了打回老家去的念头。但我是一个不服输的人，越是逆境，越能激发起我的斗志。于是，我留在了这所薄弱学校，一切从零开始，尝试着改变这所学校。"武校长一边回忆当时的情景，一边开始了他的叙述。

在进退两难中选择

走进这所学校，眼前的现象让武校长大吃一惊：这哪里是一所特区学校，连一般城市的普通学校都不如。不要说设施设备陈旧、落后，就连孩子们的行为都让人觉得不可思议，一个个蓬头垢面，衣冠不整，打架骂人现象也时有

学校的状态令人望而生畏。初来乍到的名校长在两难中作出了留在特区的决定。

发生，不用说提高教育教学质量了，仅仅去改变他们不良的学习、生活习惯，就足以让这位名校长的"温度"降到"冰点"，虽然他来这所学校之前也曾踌躇满志。

"改造这所学校谈何容易！"这是武校长看到此情此景之后产生的念头。怎么办？是迎难而上，设法改变这所学校的面貌，还是甘愿服输，

回到内地过自己的舒服日子？武校长陷入了两难境地。

"让一所优秀学校锦上添花容易，有一定教学思想的校长都能做到，但改变一所薄弱学校，甚至将其转变为优质学校，确非易事。让这些孩子享受优质教育是功德无量的事情，更是对你这位名校长的严峻考验。这也是我们在全国范围内招聘校长的初衷。我们相信你，希望你能留下来，和全校师生一起努力去改变。我们局领导班子一定会大力支持你的工作。"当地教育局局长的一番话，触动了农民出身的武校长内心深处的敏感神经，使他坚定了留在特区、改变这所学校的信心。

于是，在教育局局长的鼓励和老师们信任的目光下，从不认输的武校长义无反顾地留在了这所学校，开始了他人生的另一段更为精彩的新征程。

名校成就了名校长

"其实，你完全可以在原先的学校继续自己的辉煌，选择到这所学校工作，对你的挑战不小。"我对武校长说道。

"当然，选择继续留在原先的学校工作，并不一定是什么坏事。但说句实在话，我在原先的学校成为所谓的名校长，并不是因为我的工作有多么出色，能力有多么高强，而是因为名校成就了我，是名校使我成了名校长。"武校长的观点大大出乎我的意料。

优质教育资源配置成就了名校——从一定程度上说，是名校成就了名校长。因此，名校的校长并不一定是名校长。

"名校成就了名校长？这个说法蛮有意思。"听武校长这么看待自己，我有些兴奋。

"我理解，很多人对这个观点不大认同。"武校长耐心地解释道，"其实，一般人眼里的名校就是升学率高的学校。我认为，在我国，很多学校成为名校，并不是因为学校的办学理念先进，办学特色鲜明，而是这些学校配置了优质的教育资源，这样的学校升学率能不高吗？因此，某种意义上可以这样说，名校是优质教育资源配置的必然结果。为什么名校的美誉总是落在各地实验学校、外语学校、第一小学（中学）或师范大学附属学校的头上呢？我认为，主要是因为这些学校集中了当地的优质教育资源，如可以挑选学生，可以选调优秀教师，教育经费优先保障，设施设备优先配置，等等。试想，没有这些优质的资源配置，这些学校能成为名校吗？而在名校当校长，就具备了成为名校长的基本条件。何况，名校的外在资源比较丰富，请专家包装也容易。说得难听一些，在这样的学校当校长，没有先进理念、没有教育思想，一样可以成为名校长。因此，我认为，是名校成就了名校长。其实，这样的校长充其量只能称之为名校校长，而不应称为名校长。换句话说，名校的校长不一定是名校长。当然，这并不意味着我否定名校的校长在学校发展过程中的重要作用。基于上述原因，我觉得，只有把薄弱学校办成了品牌学校的校长，才能称之为名校长。"

"按照你的逻辑，优质资源配置成就了名校，而名校则成就了名校长。难道就没有例外？"我从反面提出了问题。

"这样的例外有，但确实太少了。"武校长叹了口气，继续说道，"教育资源配置上比别的学校差，却要办出好学校来，这是无米之炊，很难做到。这也是我当初思想上有顾虑的根本原因。我认为，在资源配置差的条件下，能办

> 资源配置差，也能办出好学校，这样的校长才是真正的名校长。

出好学校，才能称得上是名校长。好在深圳特区的学校配置基本均衡，这就为非名牌学校的发展预留了空间。正是基于这个理由，我才决定留下来，试图换个活法。说实话，我的这个决定是有点冒险的。"

选准学校特色生长点

> 学生学习成绩不好，而且文明行为习惯也差，这样的学校的确难以找到自己的优势项目。

决定留在这所学校之后，武校长面临的第一个问题是：从哪里入手才能重建全校师生和家长的信心，进而聚集起改变的力量，让这所学校在名校林立的特区崛起，为家长和社会所

认可，进而使其成为品牌学校。

反复思考后，武校长和班子成员研究决定，从发展学校特色入手，建设学校的品牌。于是，他召开各种类型的座谈会，与校领导、全体教师甚至部分家长分别进行交流，试图找到学校特色的生长点。但交流的结果却令武校长大失所望：由于学校85%以上的学生是外来务工人员子女，生活在社会的边缘，野性而顽劣，在礼仪礼貌方面的教养十分欠缺。前几任学校领导班子虽然做了大量工作，付出了很多努力，却没有一个项目在区域内处于领先地位，甚至没有一个项目有自己的优势，学校特色的生长点一下子难以找到。

"特色生长点？"我有点不解。

不论是优势项目，还是薄弱环节，只要是教育的关键环节，都有可能成为学校特色生长点。

"是呀。要想成为品牌学校，必须先成为特色学校。因此，校长一定要找准学校特色的生长点，使之发展成为学校特色。"武校长接过我的话题解释道，"我认为，这个生长点既可以是优势项目，也可以是薄弱环节。优势项目可以做大做强，使之成为鼓舞师生士气的拳头产品……"

"优势项目发展成为拳头产品可以理解。把薄弱环节当成特色生长点，我觉得不容易理解。本来就是薄弱学校，还选薄弱环节，岂不是雪上加霜、'薄上加薄'？"我不由打断了武校长的阐述。

"是的，选择薄弱环节进行突破是有不小的难度。"武校长点了点头说道，"但难不等于没有办法。我觉得，只要具备了下列因素，在全校教职工的努力下，就可以把薄弱环节转化为特色生长点：一是校长自己深思熟虑且在业务

抓住了校长擅长和学校教育的关键内容，就能把薄弱环节转化为特色生长点。

上擅长的项目；二是其他学校不大关注，但却是学校教育的关键内容。二者缺一不可。"

"按照你的说法，只要选准项目，努力使其在一定区域内成为无人匹敌的拳头产品，就算是找到了学校发展的生长点。"我感到武校长言犹

未尽。

"你只说对了一半。"果然，武校长还有自己的独特理解，他接着说，"我认为，不管是优势项目，还是薄弱环节，都必须是学校教育的核心内容。有些人认为，只要某一方面在区域内获得第一，就成了这个项目的特色学校。比如，篮球队拿了区内第一，学校就成了篮球特色学校。这是对特色的曲解。我的理解，特色起码是能够使绝大多数学生受益的项目，而且学校对这个特色的发展规律有一定的研究，并形成了发展特色的规律性认识，更重要的是，学校能够充分发挥特色项目对学校发展的孵化作用，使其在发展中带动学校整体的变革。"

特色必须是学校教育的核心内容。在某方面获得第一，并不一定是特色。特色一定要使绝大多数学生受益，并且学校对其要有规律性认识。

从文明礼仪教育入手

在充分调研的基础上，学校决定，选择一般学校不大重视的薄弱环节——文明礼仪教育，作为特色生长点，并统一了学校班子和教师的意见。

根据学校的实际情况，武校长在充分调研和认真论证的基础上，召开学校班子会议，对学校的现状进行了研究，达成了开展特色学校建设的共识，即从孩子们的行为习惯入手，在全校范围开展以礼貌、礼节、礼仪等为主要内容的文明礼仪教育，把其作为改变师生及家长行为的突破口，通过文明礼仪教育来帮助学生养成良好的行为习惯，进而改变家长和家庭的行为习惯。随后，武校长组织班子成员研究制订了开展文明礼仪教育的行动方案。

行动方案确定好以后，武校长分别召开教师会和家长会，对大家进行宣传教育动员，以便统一全校教师和家长的思想。

教师会上，老师们对武校长和学校班子的想法虽然没有不同意见，但对能否通过文明礼仪教育重建学校形象、打造学校品牌没有多大信心。老师们的理由主要有以下两点：一是学校在区域内的形象已经基本定型，仅仅凭文明礼仪教育很难改变家长和社会对学校的印象；二是学生生源质量不高，从本质上制约了学校教育教学质量的提高，而教育教学质量才是家长、社会关注的焦点。

对于老师们的疑问，武校长语重心长地解释道："同志们，大家对学校发展的担忧可以理解。但大家反过来想一想，没有良好的习惯，怎么能提高教育质量？如果不从行为习惯上入手，我们又从哪里入手呢？难道我们就甘愿承认自己无能吗？我们很多同志都来自农村，对农民工子女的教育应该更关心，心情应该更加急迫。难道我们就忍心让这些孩子和家长因为对学校丧失信心而失去对未来的信心吗？虽然我们不可能一下子提高质量，但我们可以通过自己的努力，让家长和孩子们树立信心，改变习惯。而有了信心，改变了不良的生活习惯，就能找到改变学习习惯的办法，就能提高教育教学质量，也就一定能改变现在的落后面貌。"

武校长的一番话，终于让大多数老师从悲观的情绪中走了出来。

信心比黄金更珍贵

"看来找准了特色生长点，只是建立品牌学校的起点。"我对武校长的工作难度非常理解。

特色生长点必须得到全体师生乃至家长的认同。

"并不是校长一个人决定或学校班子成员认同了校长的观点，就找准了学校特色的生长点。全体教师乃至学生、家长的认同才是至关重要的。"武校长并没有顺应我的意思。

"从实践看，薄弱学校的师生缺乏打造品牌学校的信心，而树立信心比找准特色生长点更为重要吧。"相对而言，我的表情更为严肃。

"你说得很对。"武校长赞许道，"打造学校品牌，师生信心是关键。而薄弱学校最缺乏的就是信心。我认为，特色生长点就是撬动师

特色生长点是撬动师生乃至家长信心的支点。

生乃至家长信心的支点。因此，在一定程度上说，信心比黄金更珍贵。而校长和班子成员的信心是关键，因为班子成员的信心会直接影响到全体师生和家长的信心。"

看我又要插言，武校长摆了摆手，继续说道："其实，找准生长点本身包含树立师生信心这个内容。我觉得，全体师生乃至家长认同某个项目是学校特色的生长点，就会产生积极的信心和态度。当然，在应试教育背景下，让全校师生乃至家长认同文化课学习以外的项目为特色生长点，其难度是可想而知的。"

沉闷而又沉重的家长会

与教师动员会不同的是，家长动员会的情景让武校长的心情更难以平静。

原定晚上七点钟开始的家长会，三分之一左右的家长没有按时到达。更让武校长惊讶的

家长会的状况，令人惊讶。最终，校长以充满激情的演讲赢得了家长的尊重和信任。

是，来到会场的家长不是穿着拖鞋，就是光着膀子，甚至个别家长还把幼儿抱进了会场。

武校长没有像以往一样准时开会，而是在主席台上静静地坐等家长们的到来。

五分钟，十分钟……直到半个小时以后，家长们才基本到齐。

这时，武校长强压着心头的烦躁和不满，将事先准备好的讲话稿放在一旁，站起身来，满怀激情地说道："各位家长，今天是我第一次主持家长会，和大家零距离交流教育孩子的看法。看到现在的场景，我的心情非常沉重。本来想给大家讲一讲改变学校落后面貌的想法和举措，但我不想讲了。只想和大家说几句掏心窝子的话。希望能得到大家的共鸣。需要事先说明的是，我是喝玉米糊糊长大的，我的父母也是农民，因此，我绝没有半点歧视大家的意思，但你们的行为让我感到难受和痛心。虽然我们农民工的经济条件不如别人，我们的生活比不上别人，但我们不

能自己瞧不起自己，更不能放弃教育下一代的责任。大家都知道这样一句话：知识改变命运，但一个没有自信心的人很难学懂知识，学不懂知识又怎么改变命运。我觉得，即便学懂知识，没有自信心，一样改变不了命运。难道我们就希望自己的后代，依然像我们一样没有知识、没有能力？依然这样生活在社会的底层？"

这时，武校长停顿了下来，环顾了全场一遍。只见几乎所有家长的眼圈都湿润了。于是，他继续说道："如果大家想改变后代的命运，就得从改变孩子们的行为习惯入手。我们虽然不能给孩子多买新校服、经常换穿新校服，但我们可以让孩子们穿得干干净净。我们虽然不能改变孩子们的模样，但我们可以让孩子们把脸洗干净、把头发收拾好，让孩子充满自信、阳光地站到别人面前。我相信，只要大家齐心协力，从改变孩子的日常行为入手，进而增强孩子们的自信心，我们就能让孩子们像其他城市人的子女一样享受优质教育。"

家长们对武校长的这番演讲，报以热烈的掌声。讲完之后，武校长对家长们提出了改变孩子行为习惯的若干要求。

让农民工子女享受优质教育

真诚对待家长，即便言辞欠周到，家长们也会接受和理解校长的观点。

"你的这番言辞够悲壮、够激烈的，会不会引起家长的不满？"我觉得武校长的说法似乎有欠妥之处。

"是不是觉得我的这番话有点重了？"武校长猜准了我的心思，"现在看来，当时的情绪是有点激动。但事情过后我这样想，只要我是真诚的，我是为孩子们的未来着想，即便言辞激烈点，家长们也会理解、接受的。"

"增强孩子们的自信心，就能让孩子们像其他城市人的子女一样享受优质教育？我觉得，逻辑上似乎不大通。"我没有理会武校长的话，继续挑武校长言语中的毛病。

"呵呵，你不必求全责备嘛。"武校长并没有生气，而是乐呵呵地解释道，"对农民工讲清楚教育的大道理，是不是有点困难呀？我觉得，让他们的孩子享受城里人的同等待遇——优质教育，这是他们想做却不能做到的。这是我们教育工作者义不容辞的责任。"

说到这里，武校长的脸色变得异常严肃。他说："虽然国务院提出要以流入地为主解决农民工子女教育的问题，把解决农民工子女教育的问题提上了城市政府的议事日程，但仅仅提'解决'，我认为是远远不够的。因为这样的解决只是解决了'有学上'的问题，却没有解决'上好学'的问题。而'上好学'才是问题的关键，才能真正体现教育公平。因此，让农民工子女'上好学'，不但应该成为农民工所在城市政府的责任，而且也应该成为我们每一个教育工作者应尽的义务。"

"四板斧"使学校旧貌换新颜

家长会之后的第二天，学校就发生了奇迹：原来蓬头垢面的孩子们一个个把脸洗得干干净净，衣服也都穿得干净整洁。于是，武校长趁热打铁，抡起了开展文明礼仪教育的"四板斧"，这所学校终于走上了向优质学校前进的"快车道"。

武校长"抡起"的"四板斧"分别是：

举行"三会"——教师会、班会、家长会。学校编制了"学生一日常规"，并通过"三会"进行宣讲，使学生和家长了解文明礼仪教育的内容和实施办法。文明礼仪成为全校师生的行动指南。

开展"三查"——师生共同查着装、查礼节、查课堂上的文明表现。学校制定了《学生课堂常规要求》，把课堂教学作为落实文明礼仪教育的主阵地。"三查"成为文明礼仪教育的重要抓手。

强化"三活动"——班级活动、少先队活动、综合实践活动。每个活动都以文明礼仪教育为主题。学校建立了学生个人文明量化评比制度，组织学生开展阅读文明礼仪常识及古今中外名人讲文明懂礼貌的故事活动，举行了全校性的文明礼仪知识竞赛活动。活动过程中，学校注重教育的差异性和层次性，重在引导学生开展自我教育。"三活动"成为文明礼仪教育的有效途径。

建设"三平台"——学校校报、标语专栏、班级板报成为文明礼仪教育的宣传平台。学校关于文明礼仪教育的要求，以及师生在文明礼仪教育活动中的表现，甚至家庭的文明礼仪表现，都成为宣传的主要内容。

在全校师生的共同努力下，半年多时间过去后，校园里不再有粗野举动，不再有大声喧哗，不再有垃圾纸屑，一个清新、整洁、文明的学校出现在人们面前。文明礼仪不但成为全校师生的"口头禅"，而且成为每一个师生的自觉行动；不但使全校师生的精神面貌、行为方式发生了显著变化，而且带动学校整体的面貌焕然一新。

来校指导工作及参观的上级领导和家长们都不住地称赞："想不到，真想不到！"

学校特色并非特色学校

"以你的推动力度，特色学校也不难形成呀。"我对武校长竖起了大拇指。

"难道你以为，这样就成了特色学校了?"武校长似乎不领我的情，"这种状态充其量只能说是形成了学校特色，离建成特色学校还有很远的距离。"

"形成了学校特色，这个学校还不是特色学校?"我有点不大明白。

> 特色学校不但要有学校特色，而且还必须有独特的办学风格和一定的办学成效。

"学校特色是指学校在教育实践活动过程中累加形成的、明显优于其他方面（甚至优于其他学校）的、在一定区域内具有重要影响的、独特而稳定的品质。这里，有两个关键词，一个是独特，另一个是稳定。只是独特的，但不能持续发展，不能稳定发展，就不能称之为学校特色。学校特色稳定并成熟后，继而会逐渐形成独特的办学风格，取得一定的办学成果。这时，学校才能称之为特色学校。这里特别强调一点，特色学校除了有独特的办学理念和先进的办学行为外，还必须有一定的办学成果。没有明显的成效，得不到同行的认可，就无法成为特色学校。"说到这里，武校长看了我一眼，进一步解释道，"是不是觉得有点绕口了？那我简单归纳一下，仅有特色的学校并不能称为特色学校，特色学校一定会有自己的特色。一句话，学校特色建设是建设特色学校的基础和前提。"

把特色优势放大形成特色效应

紧接着，武校长把综合实践活动作为改变教师教学和学生学习方式的重要课程，对1~2年级段和3~6年级段，分别从"生活实践"、"社会实践"、"科学实践"三大板块确定了数十个切合本校

> 文明礼仪教育取得的成就带动了学校整体的发展，学校借势大力开展综合实践活动和全员阅读，使之成为优势项目，并进而形成了学校的品牌。

实际的研究课题，并提出了活动指导方案，让师生全员参与；把全员阅读作为拓宽孩子视野的重要手段，让孩子们在人类优秀文化遗产的学习、领悟过程中，寻找人生的坐标，发现生活的榜样，灵魂得以净化，人格得到升华。

三年后，这所学校受到当地市领导的高度赞扬，该校的文明礼仪教育也成为全市学习的榜样，这所学校也因为文明礼仪教育，成为区域的优质学校，甚至在全国产生了一定的影响，受到家长的追捧。

"按照你的说法，特色学校的优势不断扩大，就可以成为品牌学校了。"听完武校长的介绍，我瞪大了眼睛。

"呵呵，别总挑我说话的毛病呀。"武校长笑着说道，"特色学校变为品牌学校，需要一个特色优势放大的过程，但特色优势放大了，并不等于品牌就形成了。充其量只能说是形成了特色效应。"

"按照你的说法，品牌学校建设路径应该是：寻找学校特色生长点→培育学校特色→建设特色学校→放大特色成特色效应→成为品牌学校。"我有点沾沾自喜，"按照这个标准，当时你所在的学校还不能称之为品牌学校。"

"是的，那时候，我们学校还不能算作品牌学校。"武校长肯定之后，进一步说道，"我认为，品牌学校必须具备独特性、区域性、成长性、超越性及引领性五个特质。"

> 品牌学校建设路径：寻找学校特色生长点→培育学校特色→建设特色学校→放大特色形成特色效应→建成品牌学校。

接着，武校长对五个特质作了解释说明：

> 独特性体现为独特的办学理念、办学策略、办学风格和管理思路。

第一，独特性。从本质上看，独特性就是创造性。这就要求学校必须在继承、吸收和内化本校优良文化传统的基础上，遵循办学的客观规律，从学校现状和实际出发，顺应社会发展对学校教育和人才培养的需要，创造具有鲜明个性的办学特色，这种特色具体表现为独特的办学理念、办学策略、办学风格和管理思路，并最终表现为一种"人无我有、人有我优、人优我特"的风格。

第二，区域性。区域性是品牌学校的局限性，超出了一定区域，就不能称之为品牌。首先，品牌学校的品牌反映了所在区域教育文化的内在特质。其次，品牌学校的发展受到区域经济社会发展的制约。因此，品牌学校是一定区域内的品牌学校，必须立足于区域人文环境、社会文化的实际，力争

> 区域性指品牌学校的局限性，反映了特定区域教育文化特征的内在特质。

成为区域教育改革创新的先行者和示范者。扩大品牌学校的边际效应，使品牌在更大范围内发挥影响力和辐射力，就必须使品牌的特性更鲜明、更具活力、更有典型意义。

第三，成长性。成长性是品牌学校魅力永驻的重要前提，亦即品牌学校必须对品牌的内涵和特性进行不断的充实、完善和发展，而不是一劳永逸地抓住某个特性或优势而停滞不前。为此，品牌学校必须始终把握时代变革的主旋律，处理好继承和发展的关系，主动、积极地推进自身的系统变革。必须指出的是，品牌学校的特性应不断"固化"在学校的教育教学活动中，但"固化"并非"僵化"，而是一个持续发展、不断成长、日益成熟的过程。

第四，超越性。超越性是品牌学校建设的本质属性。一方面，品牌学校创建要固本创新，与时俱进，不断超越自我，体现教育理念的前瞻性。另一方面，品牌学校的创新要超越一般意义的教育变革，不断发展壮大自己的特色和优势，全面提升学校的文化品位。

第五，引领性。引领性体现了品牌学校的存在价值。主要表现在品牌学校的办学思想、办学目标、办学行为、办学实力等在一定范围内产生了积极影响，在社会和公众中具有较高的知名度和美誉度，能够引领区域教育乃至社会的发展。

"从学校的发展变化可以看出，建成品牌学校，是一个复杂而又艰辛的过程。"听完武校长的长篇大论，我发出了这样的感慨。

武校长微笑着点了点头说道："是呀，有一位专家曾经说过，建设一个品牌学校至少需要十年时间。这句话是很有道理的。"

选好特色生长点

品牌学校本质上是一种文化生长。教育的最重要资源是人的大脑，而不是其他，那么，谁的教育资源更贫瘠，就珍藏起作者采撷的这只思想的芦苇吧。

"我"与"校长"对话，让我们隐约看见一棵会思想的芦苇，在教育生活的独白与对话中，凝练出熠熠发光的智慧。

发展在本质上是一种信念。显然，找准切入点，是学校"生长"的关键。由于每一所学校的办学基础和办学条件、文化积淀等不尽相同，因此学校发展必须从学校实际出发准确定位，对本校实际进行客观分析，通过分析认识本校的劣势和优势，合理选择和打造本校特色生长点，构筑学校新的可持续发展的平台。选择优势项目时，不能东施效颦，也不能好高骛远。特色生长点的确认，不仅取决于校长或教师的专长和愿望，还需要考虑各种客观条件，诸如本校的基础、条件、传统、生源状况和教师素质等。那种不从学校实际出发，凭一时冲动，盲目确定的所谓优势项目，很难获得可持续发展，结果往往是昙花一现，缺乏生命力。其次是善于运用资源。每一所学校都或多或少拥有自己的教育资源，可以根据自身的教育资源建设特色，比如，可以是在办学体制上，也可以是在办学水平上；可以是在校园环境上，也可以是在教育成果上；可以是在教师队伍上，也可以是在学生素质上；可以是在教育工作上，也可以是在教学工作上；可以是在课外活动上，也可以是在课堂教学上；可以是在教育方法上，也可以是在教学手段上。教育是丰富多彩的社会活动，特色也应该是丰富多彩的。比如社区资源也可以为学校建立特色所利用。学校不是封闭的，总会受到所在社区的影响，学校特色是社区文化特色的体现。创建特色学校是对社区文化的接纳、继承、弘扬和超越。社区文化包括地域特色、社会环境、社区成员素质和传统文化特色等，学校只要善于利用社区中众多潜在的教育资源，学校特色建设就有稳固的基础，就有广阔的发展空间。

难舍的校长情结

从原来城市品牌学校校长，升迁到当地教育行政部门首脑，应该是很多人梦寐以求的愿望。但由于具有校长情结，清校长在有了重新选择机会之际，毅然南下，干起了老本行，成为特区学校的校长，实现了人生的又一次华丽转身。

思维缜密，作风严谨，说话温文尔雅，行事从容不迫，甚至连穿着打扮都永远那么中规中矩，见过清校长的人根本想象不出这样的人会做出什么"出格"的事。但偏偏就是他引发了校长圈里一次次"地震式"的关注。

从原来城市的品牌名校到特区一般学校，清校长独特的教育履历远远超出了一般人的想象，而他从地方官员到学校校长的遽然转身更是令人惊诧。

高考神话背后："苦" 并快乐着

清校长对原来城市校长的那段经历的骄傲和自豪是显而易见的，言谈中流露出他对以前工作过的学校的眷恋。

对于那所学校在当地的影响，他举了一个有趣的例子：

学校出名后，各地去参观的学校把该校的什么东西都当成了宝贝，"见纸就收"，真正是"洛阳纸贵"，从不同地区出发前去拉学校试题和资料的大卡车络绎不绝，由于供不应求，甚至有时要等上些时日，一度造成了某些路段的交通堵塞。

当然，这些试题和资料不乏假货，而且愈演愈烈，也确有一些人因炮制该校试题和资料而发了大财。

该校试题和资料紧俏的背后是学校展现在世人面前的"高考神话"——长期以来，该校的升学率、名牌大学保送率始终位居全省首位，学校因此被誉为"孕育英才的基地"。

"当时，社会上评价一个学校往往没有多少可触可摸的标准，只有升学率一个标准。"清校长说，"我们学校追求升学率，但我们没有搞应试教育。比如，我们的学生周末从来不补课，每天晚上9：30按时休息。学校田径队、篮球队等体育团体每年都在全省稳居前三名，学校的艺术团、文学社团等也在当地小有名气。"

风光背后也总是伴随着磨砺。清校长说："当时，学校没有一个老师叫苦，因为我和他们一样辛苦，大家在辛苦中享受着成功的快乐。"当时的工作中，大量的活动和各类接待让清校长忙得不亦乐乎，但让他辛苦忙碌的远不止这些。清校长在一次接受记者采访时就曾坦陈："我做校长，目标只有两个，一是教学质量要保证，二是必须弄到钱。"

"弄到钱"除了学校发展的考量，还带有很多的"无可奈何"。清校长曾经把学校神话般的高考升学率归结为两个主要因素：素质相当过硬的教师和学习动力异常强劲的学生。但保持"素质相当过硬"的教师队伍却一直是压在清校长心上的石头。当时全国优秀教师都在"孔雀东南飞",学校更是来了很多南方考察团,有不少名义上是考察,实际上却在暗地里动员这里的老师——挖墙脚。

如何把老师留下,是清校长的难题,他为此有一个"五心"工程:政治诚心、业务关心、工作放心、生活关心、娱乐开心。而其中生活关心层面的"提高教师待遇"格外现实。"现实"得让他这位校长要操心这样一些事情,诸如设法把教师子女安排在待遇较好的单位工作,让每个教师都有房子住,让教师的工资收入在当地令人羡慕,等等。

回想起当时的工作,清校长说,有不少做法现在讲起来感觉好像挺不靠谱,但在当时,那些工作又确实不能不考虑去做。而且那种工作方式和状态也确实是当时许多校长的真实写照,甚至直到现在也有为数不少的校长在以同样的方式工作。

素质教育也必须直面高考

> 今后相当长一段时期内,学子们考上理想大学也许是为将来就业谋生最为便捷、最为保险、最为现实的途径。如果看不到这一点或者视而不见,就不是唯物论者,也不能代表人民群众的利益。

"那时的你和现在的你有很大的区别。从你的谈话中,我不难感到你的自豪和骄傲。如果时间能够倒流,你现在回到当时,还会那样重视升学率吗?"我的问题把清校长从美好的回忆中拉到现实中来。

"哦,也许我还会那样。因为那样做符合当时的社会背景,也存在着地域差异上的合理性。"清校长似乎还没有走出自己的回忆,"我认为,现阶段乃至可以预见的今后相当长的一段时期内,学子们往往必须通过升学、应试而谋取上学、就业的机会。因此,虽然理论上讲他们将来就业、谋生的道路有千万条,但不可否认,考上理想的大学也许是最为便捷、最为保险、最为现实的一条。如果我们看不到这一点或者视而不见,就不是唯物论者,也不能代表人民群众的利益。"

说到这里，清校长眼睛直直地望着正前方，默不作声。

我不忍心打断他的沉思，静静地等待着。

良久，清校长才回过神来，笑眯眯地注视着我，那眼神分明在诉说着什么。果不出我所料，片刻之后，他又开始了讲述："虽然素质教育并不排斥高考。但我不会再像以前那样看待高考，我可能会用平常心去抓高考、抓教学质量。与此同时，我也会花大力气研究，在当时条件下推进素质教育的做法，因为素质教育对学生的终身发展有利，对国家、民族的发展有利。同时，我也会直面媒体，宣传我们抓教学质量、促素质教育的务实做法，旗帜鲜明地响应和实践素质教育。我相信，这样做的结果必定是，高考成绩和素质教育双丰收。"

> 素质教育并不排斥高考，高中学校应该争取高考成绩和素质教育双丰收。

"《国家中长期教育改革和发展规划纲要（2010—2020年）》颁布以后，各地普遍加大了教育投入，学校差钱已经成为历史。现在回到那个时代，你也不用再去弄钱了。你可以有更多的时间思考教育问题了。如果是这样的话，你还会来深圳吗？"我又一次提出了假设性问题。

> 虽然从本质上看推进素质教育不会影响升学率，但由于家长对教育的理解不同，内陆城市对教育改革的宽容度不高，学校推进素质教育的压力依然很大。

"如果那个时候当地像现在一样重视教育，学校有足够的经费，我一样会来深圳。"清校长语气虽然缓和但态度非常坚定。他说："回过头来看，内陆城市和深圳的教育氛围还是不一样，家长对教育的理解也不一样，社会对教育改革的宽容度也不一样。即便现在，内陆城市学校高考升学的压力还是很大，校长的担心和焦虑相对会大许多，推进素质教育也没有那么理直气壮。虽然推进素质教育从本质上看不会影响升学率。即便像我这样在当地小有名气的校长，也一样受到上述问题的制约。"

高中不能只抓高考这一件事

"改革开放前20年，把高考和竞赛搞好了就是好学校，但新世纪以来仅有高考和竞赛的好成绩就不行了，"清校长说，"如果高中只做了高考这一件事，那就太对不起学生了。"

对一个有自己的教育理想和追求的人来说，清校长"辛苦"的"苦"其实不是一种简单的劳累，而在一定程度上体现了清校长对教育理想的苦苦追求。

清校长自己对从内陆城市官场出走到深圳学校担任校长作了一个小小的注解："我比较适合在学校工作，内陆城市那所学校是我职业生涯的起点，对我的教育人生有着重要影响。随着时间的推移，自己对人生和教育有了更深的思考。为培养创新型人才和杰出人才打好基础，需要教育工作者有新的追求，需要站在新的起点上作出新的探索。而深圳作为最有活力、最有创新意识的城市，恰恰给我提供了这样一个平台。"

不满足于"竞赛和高考"的清校长，于21世纪来临之初离开他工作了几十年的地方，出任深圳一所区属中学的校长。

"我到新学校后第一个思考的问题就是怎么样把升学和全面发展相结合。"清校长说，"我从来不反对学校抓升学率，因为很多孩子要通过高考改变命运。但同时，我们社会发展的趋势是更需要综合性人才。"

于是，清校长来到新校后调查分析了学校的情况。他认为，在办学最关键的师资、生源、硬件三要素中，学校的师资力量雄厚，一点问题都没有，而其他两个要素则都有问题。

为了达成升学和全面发展的"有机结合"，清校长对学校进行了全面"改造"。

针对学校当时教学硬件比较落后的情况，清校长动员所有力量，在一年里筹措到了2000万元资金，并用这笔钱完成了学校的硬件更新。

改造好这些硬件，这算是"栽下梧桐树"，清校长的下一个动作就是"引来金凤凰"——吸引生源。清校长说，学校周边初中学校的教育水平是较高的，但由于学校硬件条件不是很理想等原因，该校的招生质量在逐步下滑，周边初中学校的优秀生源都在源源不断地外流。

尽管到这所学校任职并着手招生时，中考志愿都填完了，他还是通过初中学生家长宣传会等形式大肆宣传自己的办学理念。"最后的效果还

应试教育 素质教育 高中

不错，连当年的中考状元都报了我们学校。"清校长说。

师资、生源、硬件三个办学要素都没有问题，再对此进行适当的整合，学校的升学问题算是有了保障。

"但在升学率之上，我们更应该有一个全面发展的概念。"清校长说，"教学质量应该超越升学率，着眼于人的全面发展，因为这是对学生影响最为深远的，它将作用于学生的一生。一言以蔽之，不求人人成才，但求人人成功。"

清校长"入主"该校后，一些当地人期待他在本校续写另一段"高考神话"。但清校长的心思显然已经不单单停留在这上面。

于是，清校长提出了"新三好"的办学理念，即要让我们培养的学生，在学校是一名好学生，在工作岗位上成为一名好员工，在社会上成为一名好公民。

围绕"新三好"办学理念，清校长采取的举措是实实在在地推进课程改革，在学科课程以外开设了包括100多门校本课程在内的"课程超市"，规定学生高中三年必须选修完成一定的学分。为此，学校还聘请了一大批有影响的名人、学者开设有关的校本课程，充当学生的人生导师。

在"新三好"理念指引下，这所学校的面貌发生了显著变化。

"身份转换使我对校长的角色有了更清晰的认识"

"从校长到官员，再从官员到校长。你觉得，你对校长的认识有哪些变化？"在我看来，清校长的阅历是学校管理的富矿。

"哦，这是个难以回答的问题。"清校长笑了笑说，"以前当校长，总觉得教育行政部门对学校的支持力度不够，对学校的管理又过于严格，总觉得校长在教育行政部门领导面前像个化缘的和尚，什么事情都要请示、汇报。从校长岗位走上教育行政岗位后，才知道行政官员肩负的责任，才理解为官的不易。以前当校长，难以站在教育改革全局的角度思考学校教育问题，多多少少会有点本位主义。成为教育行政官员后，对校长的角色有了更清晰的认识，也能从更宏观的视野上去认识学校教育问题，对素质教育的理解有了更多的理性思考。重新回到校长岗

成为教育行政官员后，对校长的角色有了更清晰的认识，也能从更宏观的视野上去认识学校教育问题，对素质教育的理解有了更多的理性思考。

位，除了自己有一种如释重负的感觉外，对学校和教育行政部门关系的定位有了更深刻的认识，能更多地体谅教育行政部门的难处，更多地检查和反省自身工作中存在的问题（虽然以前也曾深入反思，但依然显得不够），更多地从社会对教育、对人才的需求等方面思考教育问题。"

"咱们作个比较如何？"我先卖了个关子，看清校长没有反对的意思，就继续问清校长，"如果要你拿深圳的学子和内陆城市学子比较，你会不会觉得你现在培养的学生的发展后劲要比内陆城市学校培养出的学生更强呢？换句话说，哪个学校的学生后发优势更大？"

"这不是为难我吗？"清校长颇有点难为情的感觉，"确实不好比较。内陆城市那所学校学生的成就是有目共睹的。但从整体比例上讲，我还是认为，深圳的学生发展后劲可能要更大一些、更强一些。深圳的教育更开放，育人的模式是多元的，学生的成长目标也是多元的，因而推进素质教育的条件比较充分。而那所学校的教育由于评价观念、地域因素、社会价值取向等因素的影响，学校的教育目标可能会单一一些，虽然它也努力培养学生的综合素质，但毕竟由于条件所限，一般很难达到像深圳这样的开放地区的程度。"

是"毛坯"也是"新三好"

"你在深圳提出，基础教育要打造的是'毛坯'。能不能再具体地谈谈？"显然，我对清校长的"毛坯说"还理解得不够深入。

"这里，'毛坯'和'精品'是一对孪生兄弟。'精品'是指尖子人

> "毛坯"和"精品"是一对孪生兄弟。"精品"指精英人才，而"毛坯"指知识面宽、综合素质高、有一定目标、爱好和特长的人。没有经过"毛坯"阶段的打磨，就不可能成为"精品"。

才、精英人才，而'毛坯'是指知识面宽，综合素质高，有一定目标、爱好和特长的人。没有经过'毛坯'阶段的打磨，就不可能成为'精品'。"清校长解释道，"这样的'毛坯'经过高等教育以后，就有可能成为'精品'。我不赞成很多中小学的提法，什么要培养国际化一流人才、要培养创新型人才，这些概念拔高了基础教育的目标，对推进素质教育是不利的。举个不恰当的例子，一个五寸的零件，有五道工序，如果在第一二道工序上就先把它截成了五寸，那么最后它还能被加工成五寸的合格品吗？肯定不能。因此要成为'精品'，必须先成为'毛坯'。"

"有人认为，你提出的'新三好'目标不是学校能做到的，对此你怎么看？"我的眼睛紧紧地盯着清校长。

"中小学生是'毛坯'，这个'毛坯'好不好，不能只看他在校表现如何，更不能只看他的考试成绩如何，而要以将来能不能成为好员工、好公民作为标准。当然，单从字面上看，这种怀疑是有道理的。因为我们无法预测我们的学生未

> 虽然不能按照员工、公民的标准去要求学生，但我们可以从工作岗位对员工、社会对公民的要求出发，在观念、方法、手段、评价等方面反思我们的教育，改造我们的教育。

来在工作岗位上会不会是好员工，在社会上会不会是好公民。"清校长心平气和地说，"好员工、好公民是社会生活对一个人的基本要求。拿破仑说，不想当元帅的士兵，不能成为好士兵。套用这个话，不能当个好员工，无法成为好老总；不能当个好公民，无法成为好公仆。我们虽然不能按照员工、公民的标准去要求学生（因为在中小学教育阶段是难以做到的），但我们可以从工作岗位对员工、社会对公民的要求出发，在观念、方法、手段、评价等方面反思我们的教育，改造我们的教育，使我们的教育更好地为人的发展服务。"

一个优秀的校长应该是一个思想领导者

五年之后，清校长从区属中学调入市属集团学校工作。虽然管理的范围更大了，但清校长并没有因此而变得忙碌起来，而是有了更多的看书学习的时间，时不时地还要有那么一段近乎"发呆"的时间。

"发呆"大概已经是清校长在办公室里的惯常景象，所以学校里有不少老师都知道清校长的这个习惯，他们每次见到清校长在办公室里发呆后都会会心地一笑："哦，清校长又在琢磨学校的什么事了！"

清校长说："校长如果整天有做不完的事，事无巨细都要去管去问，学校可能会成为一个好学校，但绝对不会成为一个有品位、有活力的学校。一个优秀的校长应该是一个思想领导者，他的时间应该主要用来形成、丰富和完善办学的思想。"

但思想不能停留在简单的"发呆"上，它还得在现实中发挥效力。对此，清校长有自己一套与之相匹配的工作方式。主要包括四个环节：

每学期开学作一次重要讲话，那是他半年思考的结晶。在这个讲话里，他讲的是办学方向、策略、途径、办法等方面存在的问题和解决的设想，语言朴实，言简意赅，但其中蕴涵的道理直抵人心，以至于每学期的讲话内容绝大多数教职工都能复述出来。

隔周一次的校长办公会，通过集体智慧，相互启发着解决办学过程中的一些具体问题。

跟老师、干部沟通交流。学校有300多名教职工，清校长一学年单独谈心的"覆盖率"竟能达到40%以上。在看似漫不经心的聊天过程中，他对学校的办学方向和策略有没有转变成行动了如指掌。

听课。清校长听课时从来不提前打招呼，听完课后当场就沟通，他认为过了这个时间就没有效果了，他有时甚至下课后把老师叫到办公室去交流、长谈。同时，他也通过这种方式与教师进行广泛、深入的沟通，和一位位老师们交上了朋友。

五年之后又三年，清校长的工作方式完成了一次理想的蜕变，这使得他有更多的时间去思考和面对学校教育的根本问题，他的教育思想也更加系统、成熟、完善。

针对国家未来对人才的需求，清校长响亮地提出"人格是第一学位"，并确定了"人格健全、学业进步、特长明显、和谐发展"的培养目标。

针对学校发展的整体布局，清校长提出实施"人本管理、特色品牌以及学生、教师和学校共同发展"三大发展战略。

针对办学的品牌特色，清校长提出着力打造"品味高雅的课程资源和社团建设、独具一格的校园文化建设、影响深远的健全人格教育、充满活力的品牌学校"四大发展目标。

为了使这些思想成果落到实处，他先后多次在教师座谈会和家校共营座谈会上以生动鲜活的例子进行解读，使每个教职工和家长对学校的办学思路越来越清楚，清校长作为一个教育行者的足迹也越来越清晰。

人格是最高学位

时代的快速变化，为人的身心发展提供了各种有利条件，也对人的品质规格提出了更高要求。培养健全人格已不单单是个人的需要，更成为时代发展的需要。

"人格是最高学位。是呀，没有什么比人格更重要了。"我为清校长的这一比喻拍案叫绝。

"当今世界信息量激增，科学技术和物质生产发展迅猛，社会政治、经济改革持续不断，所有这些变化，一方面为人的身心发展提供了各种有利条件，另一方面对人的品质规格提出了更高要

求。能否被社会成员所接受，能否承受起社会改革所带来的冲击，无不与人格密切相关。因此，培养健全人格已不单单是个人的需要，更成为时代发展的需要。"清校长谈起人格教育来滔滔不绝。

"能不能具体谈谈人格的内涵？"我紧接着问。

"不同的时代对人格的理解会有一些差别，在我看来，新时代的人格内涵可以概括'三心、三感、三力'，'三心'即仁爱心、自信心、进取心；'三感'即幸福感、价值感、责任感；'三力'即自制力、耐受力、创造力。"

"看来人格的内涵确实很丰富。你认为，怎样才能把健全人格教育落到实处呀？"我希望进一步了解清校长培养人格的做法。

"我们对培养健全人格提出了一套完整的方案，并明确了各学段工作的侧重点：小学段以习惯养成教育、情绪教育为主；初中段以爱的教育、礼仪教育为主；高中段则以心理健康教育为主，从而使全校的健全人格教育系统化、

> 既要有系统的工作方案，也要把课程建设作为强有力的支撑，才能使健全人格教育落到实处。

科学化、序列化。为了使健全人格教育有一个良好的载体，我们把课程建设作为强有力的支撑，在课程理念、课程设置、课程管理等方面进行了研究和探索，形成了推进健全人格教育的素质教育课程体系。我们的

课程体系包括智慧保健教育、情绪管理教育、意志品质教育、文明礼仪教育、爱的教育五个方面。其中，智慧保健教育重点培养的是创造力、进取心和自信心；情绪管理教育重点培养的是幸福感、耐受力、自信心；意志品质教育重点培养的是自信心、自制力和耐受力；文明礼仪教育重点培养的是责任感、幸福感和仁爱心；而爱的教育重点培养的是仁爱心、价值感和幸福感。"

校长没有思想，办学就会偏离方向

"记得有位专家曾经说过，校长首先应该是一个思想者，其次应该是一个教育者，再次才应该是一个管理者。但有人认为，在我国，这个顺序应该颠倒过来，因为在现行教育体制下，校长即便有思想也很难在实践中应用。我国中小学校尤其是高中基本上是千校一面，就充分说明了这一点。如果一个校长没有多少思想，但懂得管理，能把学校管理得井井有条，这所学校的质量不会低到哪里。相反，如果一个校长不懂管理，却很有思想，学校管理一塌糊涂，这所学校的质量一定不会好。不知你觉得是否有道理？"我认为，像清校长这样有思想的校长，一定对这个问题的认识更深刻一些。

校长首先应该是思想者，其次才是教育者和管理者。没有思想的校长，学校办学就会偏离方向。懂管理是校长岗位的基本要求。

"我认为，懂管理只是管理者的起码要求，因此懂管理是校长的基本条件，不懂管理就不适合当校长。但懂管理与合格的管理者之间还是有不小的差别。而有思想是学校能否迈上新的台阶的关键。校长有思想，管理水平不高，学校的办学方向不会偏离；而校长没有思想，管理水平再高，学校也难以取得长足的发展，因为学校的办学方向会偏离。因此，校长首先应该是思想者，这是毋庸置疑的。但同样选择只有教育思想却不懂管理的学者当校长，是值得商榷的。至于你说的，千校一面的现象那是以前的事情了。随着教育改革的不断深入，中小学千校一面的现象正在改变，一大批有思想的校长逐渐有了用武之地。当然，体制制约也存在，但我不认为，体制制约可以成为发展特色的挡箭牌，校长完全可以在体制下，把学校特色这篇文章做好，使其发挥更大的作用。"清校长似乎言犹未尽。

"你工作的学校是实验型学校，能不能谈谈对实验两个字的理解？"我突然想到，很多实验学校并没有开展教育实验，只是挂着实验的招牌而已，便向清校长提出了这个问题。

"实验这两个字确实很沉重。"说起这个话题来，清校长的表情显得很凝重，"我理解，教育实验应该努力做到五点：一是遵循教育规律。任何教育改革实验都要严格遵循教育发展和学生成长的基本规律。二是牢记学校使命。要对学校的办学目标有明确的定位和追求，努力成为素质教育的"试验田"。三是追求实验幸福。每个教育工作者都要追求高品位的教育生活，享受教育实验的幸福。四是探索家校共赢。学校、教师与家长之间要有特殊的教育默契，共同探索家校共赢之路。五是促进个性发展。教师心中不仅要有 NO. ONE，更要有 ONLY ONE，为每个学生的个性特长发展服务。"

【旁观者言】
"人格"是教育领导的第一要义

有思想的名校长不乏其人，本篇淋漓而厚重地揭示了思想领导所造就的一个校长和一所学校。然而，在这里，引起我沉思的却是对于一个名校长"人格"品质的洞见与关怀。

有道德始有国家，有道德始有世界。教育家的第一品性乃是大德。人格教育关涉教育与中国未来。因此，人格教育是学校发展的硬道理。

唯人格造就人格。人格教育的思考原点在于培养人这一教育的根本问题。从根本上改变了"功名为本"的学习观和"以考为本"的思维方式。以爱国主义和人格建设引导、培育和奠基学业成就与综合素质，在根本上回答了好的教育在于敏锐回应教育与中国未来的可持续发展；在于敏锐回应国家和时代需要，为国家的利益和目标奋勇当先、有所作为，在于始终追求与思考指向国家未来的高品质教育，关注教育与中国未来，把教育创新放到关系国家和民族命运的高度。因此，人格教育为国家未来奠基。

"养使为善之谓育"。对话主人公以特有的哲学思考方式，将"人格"这一哲学命题，作为教育面向未来的根和魂，建筑了素质教育的"人格坐标"。这其中在进行着"培养什么人"和"如何培养这样的人"的庄严考试，无疑会有一份沉甸甸的答卷。

校长就是旗帜

一位优秀的校长不仅要善于办好品牌学校，更要有能力把薄弱学校建成品牌学校；不仅要善于对学校进行思想的领导，更要有卓越的执行力；不仅要善于满足教师的个体需求，更要成为"教师的教师"——原校长用自己领导四所学校实现变革的实践证明：校长就是引领学校不断前行的旗帜。

自从参加教育工作以来，原校长先后在 4 所中学担任校长职务。不论是重点中学，还是普通中学，甚或是薄弱中学，只要原校长出马，就能创造"奇迹"，促进学校内涵提升。原校长以一所所学校华丽转身的生动实践诠释了校长领导力的内涵和特质。

优秀校长的价值：弱校变强，强校更强

一个优秀校长不仅要有能力把品牌学校建设好，更重要的是，还要有能力把薄弱学校建设成品牌学校。

20 世纪 90 年代后期，作为 A 校——内陆城市一所名校的校长，原校长已经是省优秀政协委员，并被公推为省教育厅副厅长后备人选，可谓功成名就。然而在此时，原校长得知深圳面向全国招考名校长的消息。几经思考，敢于挑战自我的他报名参加了，并以总分第一名的成绩调入深圳。

经过短暂的过渡期之后，原校长出任 B 校——深圳一所普通中学的校长。上任之初，该校的现状使他不由倒吸一口凉气：学校新建的两栋教学楼因为一些产权纠纷被停建，1 万多平方米的烂尾楼因三年搁置使校园显得十分苍凉。

面对异常艰苦的情况，原校长没有坐等援助，没有抱怨，而是和老师们一起冷静面对现实，寻找出路。他一边四处奔走呼吁，积极向市、区各级部门反映情况，争取各方面的支持；一边着手抓教学质量，强化学校管理，积极筹备市一级学校评估工作，规划学校整体改建方案。之后，他又亲自检查监督教学楼工程进度。因此，原校长的工作安排总是满满的，连双休日和寒暑假也经常加班。

功夫不负有心人。在原校长和全校教师的共同努力下，学校的面貌焕然一新。不但校园环境和硬件设施发生了较大变化，学校的师资力量和教学水平也上了一个大台阶。三年之后，该校通过评估，从一所区级学校一跃跻身为省一级学校。

由于办学业绩优秀，原校长奉命调任 C 校——一所重点中学担任校

长。这时，他早已过了知天命之年。按照常理，平稳过渡一下，安心等退休就知足了。但原校长不这么想，他仍然激情勃发，想干出一番事业来，而且一干就是5年。

到这所重点中学以后，原校长对C校进行了全方位的调查研究，决定以音乐、体育、美术三个专业的优化整合作为突破口，并开设传媒专业培训，大力拓展特长教学。

"没有基础，我们给你夯实基础！没有特长，我们帮你打造特长！"在原校长的大力倡导下，学校充分利用校内外资源，为文化课成绩不够理想而又有一定基础的学生开展传媒专业的相关培训，帮助他们"点燃兴奋点，找回自信心，激发内驱力，形成竞争力"，从而使他们能够以优秀成绩通过高考传媒术科考试，率先挤入理想的大学殿堂。近年来，C校每年在音、体、美、传媒四大专业中都有一百多名学子被知名大学的导演、表演、动漫、采编、主持等相关专业录取。如今，传媒专业已经成为C校促进学生多元发展的新的生长点，并带动了学校各方面的整体变革。

在全面开展特长教学的基础上，原校长提出了"拓宽办学大视野，着眼学生多元发展，激发内在潜能，铺就适合学生发展的人生之路"的办学策略，积极寻找学校内涵提升的新路径，全面开展"四自德育"评价实验，积极深化课程教学改革，从而使C校迅速发展成为广东省示范性优质学校。

让全校师生自觉追随自己

"你真了不起。到哪个学校，哪个学校就能发生显著改变。真应验了'一个好校长就是一所好学校'的名言。"我内心深处非常敬佩这样的校长。

"虽然'一个好校长就是一所好学校'的说法夸大了校长的作用，但也说明了校长在引领学校发展中的作用。"看来原校长认同这句话。

"我认为，给这句话加上一个条件更确切。这个条件就是，作为学校发展的旗手，校长除了根据学校的实际，确定合适的办学理念外，还必须用自己的亲力亲为和卓越才能，唤醒全校师生对学校工作意义的认识，聚集起全校师生乃至家长的力量，让他们感受到学校领导的价值，全身心投入到学校改革和发展中。"还没等我反应过来，原校长又对刚才的说法作了补充。

作为学校发展的旗手，校长必须用自己的亲力亲为和卓越才能，唤醒全校师生对学校工作意义的认识，聚集起全校师生乃至家长的力量。

"我发现，每到一个新的学校，你总能不失时机地抓住学校发展的关键环节和重要契机，而且能不遗余力地推进，并获得最终的成功。你能不能谈谈其中的奥妙？"我期望原校长能揭开成功的秘诀。

"每个人都会有自己的滑铁卢，哪有百战不殆的将军？我也不例外。"原校长直言道，"在原来所在城市工作过的学校，我往往会从自己的直观经验去判断学校发展中存在的问题，但由于判断缺乏依据，对学校实际了解不够，起初也摔过跟头。好在老师们很善良，能够理解、

校长要通过深入调查研究，审慎确定办学方向，有效整合资源，进而全力推进工作落实，才能抓住学校发展的关键环节和重要契机。

宽容我的失误，我自己也能及时发现问题，采取措施进行补救。来到深圳的两所学校后，我再也不会轻易作判断、下结论，而是通过半年时间的调研，和教职工一个一个谈心、交流，再对学校的情况进行综合分析，然后和班子一起研究、确定改进学校工作的策略。而且一旦确定后，就要持之以恒地做下去。如果一定要说有奥妙，我觉得，校长一定要对学校的发展阶段、发展环境、面临的挑战和发展机遇，以及学校未来的发展目标有清晰的认识。总结起来就是四点：一是深入调查研究，二是审慎确定方向，三是有效整合资源，四是全力推进落实。当然，校长首先要具有高度的敏锐性、洞察力和预见性，通过选择清晰的发展目标、提出独具特色的办学理念、进行美好的远景规划等行动，为学校指引未来的发展方向；其次，要一身正气、廉洁自律，做到公正和正义；再次，

校长要敬业务实、无私奉献，率先垂范。只有这样，全校师生才会自觉追随着教育理想，学校也才会有新的发展契机。"

"也许有人觉得，你是名校长，大家对你抱有希望，充分相信你，又有上级的大力支持，你才能有一次又一次的成功。"我旁敲侧击道。

"呵呵，有这种想法也是正常的。"原校长似乎并没有因为我的问题而生气，"我承认，名校长有'马太效应'，但名校长的'马太效应'只能起到暂时的作用。如果你只是徒有虚名，老师们很快就会看穿你。因此，空有名校长的头衔，没有真材实料，一样无法改变学校的面貌。"

构建从"优秀走向卓越"的学校文化

原校长对学校文化建设非常重视，每到一所新的学校都会依据原有特点思考学校文化建设问题，并使之成为吸引师生共同奋斗的"磁场"，聚集起全校师生变革的力量。

在 A 校担任校长期间，原校长以问题为起点，狠抓教研文化建设，开拓"主题式"互动教研活动；以师生发展为目标，建立学校质量监控体系。在原校长的努力下，该校成为当地名师、校长培训基地，一大批名师从学校脱颖而出，有的还担任了校长甚至区、县教育局领导。

在 B 校，原校长一手抓硬件建设，一手抓课程改革、青年教师培养和"创优课"活动等软件建设，在短时间就使这所学校实现了从区一级学校向省一级学校的跨越式发展。

而在 C 校，原校长则主要是抓住学校外语教育的优势，大力推进国际理解教育，使之成为学校的靓丽品牌。

C 校实施国际理解教育的核心是，把国际理解教育的内容融入到各门学科的课程教学中。为此，原校长带领 C 校在严格执行国家课程计划的前提下，组建了以学科课程为主，选修课程、综合实践活动为辅的课程结构，把国际理解教育通过学科渗透、专题讲座、主题活动等方式融入其中，重点挖掘选修课、综合实践活动课的国际理解教育内容，强力推进国际理解教育。在原校长的强力推动下，C 校的国际理解教育不仅为培养具有"全球意识"的国际性人才奠定了坚实基础，并且成为该校的品牌项目。

学校文化是滋养师生的精神"场域"

学校文化就是滋养师生的精神"场域"，具有导向、激励、约束、凝聚、熏陶、辐射、扩散、潜移默化等功能。

"学校文化是一个热词，很多人都在谈，似乎人人都能谈。不知你如何看待这个问题？"我把原校长的注意力转移到学校文化上来。

"学校是由不同的教师构成的，不同的个体在思考、行动时难免会产生差异。如何尽可能使不同的'分力'最终成为推动学校前进的'合力'，唯一的办法是依靠学校文化。在我看来，学校文化就是滋养师生的精神'场域'，它具有导向、激励、约束、凝聚、熏陶、辐射、扩散、潜移默化等功能。能否建设富有特色的学校文化，校长是关键。不但校长本人的人格、品性、自身具有的潜质以及价值取向对学校文化有辐射作用，而且校长的治校理念、运用权力的艺术也会对学校文化产生影响。"原校长看似轻松地说。

"那你认为，校长对学校文化建设的作用主要有哪些？"我不想轻易让原校长"蒙混过关"。

听完我的问题，原校长思索了许久，才说出这样一段耐人寻味的话："作为学校文化的领导者、继承者、设计者、弘扬者、创新者，校长的责任就在于，通过颇具领袖风范的感召力，创造一种充满道德感的秩序，并把全体师生乃至家长聚集在一起，引导大家关注学校中非正式的、细微的生活，共同思考什么是重要的、共享的标准，期望和假设是什么，该如何思考和行动，进而根据学校发展的实际，和师生一起不断完善和加强以'从优秀走向卓越'为特质的学校文化建设。只有这样，才能引领学校打破制约发展的瓶颈。"

"在全球化视野下，国际理解教育成为各类学校关注的热点。能不能谈谈你们在开设国际理解教育课程方面的思考？"我的问题直指他在 C 校的国际理解教育实践。

"联合国教科文组织在《教育——财富蕴藏其中》报告中对国际理解教育有一个清晰的定位，包括三个层面的内容，一是增进不同国家、地区人们之间的相互了解和相互宽容；二是加强不同国家、地区人们之间的相互合作，以便共同认识和处理全球社会存在的重大共同问题；三是促使每个人都能够通过对世界的进一步认识来了解自己和了解他人。我们的国际理解教育就是围绕上述三个内容展开的。首先，在认同中华民族文化的基础上，让学生了解其他民族文化的基本精神及风俗习惯。其次，丰富学生的知识面，拓展学生的视野，引导学生关注当今世界面临的重点、热点问题。第三，学习与外籍人士平等交往、和睦相处的修养与技能，促进学生形成善良、平等、公正、友爱、宽容、诚实等国际公民必须具有的优秀品质。"原校长用德洛尔报告对他们的实践进行了解读。

校长要成为"教师的教师"

教师是学校发展的关键。只有校长成为"教师的教师",加强对教师的业务指导,才能提升教师队伍的整体素质。

在 A 校,班主任程老师是一个名人。她的名气不在于她培养了几个高考单科状元,不在于她指导部分学生拿了学科竞赛一等奖,而在于她驾轻就熟地运用着独特的教育思想和智慧,使每一个学生在轻松快乐的氛围下不断进步。

每当有人夸奖她,她总是不忘说一句,"我的成长和进步离不开原校长的鼓励和支持。"让她印象最深的一件事是,有一天,区里有个培训,让她去讲了一节课,讲完后,她自己也不知道讲得怎样。正在忐忑中,她收到了原校长的短信:"听说你下午做了一次精彩的培训,恭喜你,加油!"

"在我们学校,每一个老师都会这么想:'我是最棒的,校长最欣赏我'。这是因为,原校长总能准确地看到每一个老师的长处,总能对我们的业务提高指出方向。"程老师如是说。

阅读教学是 C 校的优势项目。然而,该校开始推广阅读教学时,有的老师很担心:阅读耗时多,影响语文教学进度,不能直接提高学生的考试成绩。

原校长闻讯后,与语文学科组的老师一起进行探讨。他语重心长地告诉大家:"教材既要考虑篇目稳定,又要考虑示范意义,同时又要承担思想教育功能,难以解决阅读的时效性、鲜活性、广泛性问题,也无法满足个性阅读需求。因此,我们不能盯着教材,不能盯着分数,而要从学生的长远发展出发,举一反三拓展阅读内容,逐步实现从'量变'到'质变'的飞跃。"

统一了老师们的思想之后,原校长又支持语文学科组组长设计出具有该校特色的快乐阅读流程:选择阅读材料(包括教材内容的延伸阅读材料、有思考价值的新闻和时评、优美的散文随笔以及科学新知类文

章），指导学生阅读（包括圈点勾画批注、摘录名言警句、规定阅读数量、集中强化阅读和及时点评效果等），展示阅读成果（包括课前演讲、校刊发表、辩论演讲比赛等）。

B校新课程改革起步阶段，原校长领衔省级课题——"信息技术与学科整合研究与实践"，带领一批青年教师一起研究网络技术与学科整合技术，通过课例分析、行动研究、典型示范等形式，组织老师们网上评课、议课，按照新的课程标准认真分析教学的优劣得失。在原校长的指导下，连参加工作不久的青年教师都先后在全国性的教学比赛中获得奖项。

时间管理能力为校长专业发展提供保障

"真了不起，你对各学科教师都能进行指导。莫非校长一定要成为各学科的专家。"我有口无心说了这么一句话。

"你是在表扬我呢，还是在挖苦我呢？"原校长瞥了我一眼，继续说，"我想，可能还是我的介绍引起了你的误会吧。其实，我对老师们的指导，并不是具体的学科业务指导（我相信，不仅我没有那个能力，哪个校长都不可能有那个能力），而是教学思想、策略、方法的指导。我认为，从这一点上说，校长应该具备很强的业务能力，应该成为'教师的教师'。只有这样，校长才能和老师们一道探索，并通过自己的亲身示范和指导，让教师对理念深刻、目标高远、措施纷繁的教育改革的认识更加清晰，进而转化为老师们生动的教育实践。"

> 作为"教师的教师"，校长对教师的指导主要是教学思想、策略、方法的指导。只有这样，校长才能和老师们一道探索，才能把理念深刻、目标高远、措施纷繁的教育改革转化为老师们生动的教育实践。

"面对教师专业能力迅速提升的现状，校长要想一直成为'教师的教师'，谈何容易？我在很多学校调研时就发现，很多校长脱离教学一线很久之后，已经无法与新课程中成长起来的老师进行对话，更谈不上进行业务指导了。"面对严峻的现实，我觉得原校长的要求未免太高了。

"你说的问题确实存在，但没有那么严重吧？"原校长接着谈了自己对这个问题的看法，"我们应该承认这样一个基本事实，那就是绝大多数校长都是从教育教学一线脱颖而出的佼佼者。随着新课程的逐步推进，教师的专业能力结构不断变化，而校长自己的教育教学能力尤其是实施新课程的能力相对下降。因此，校长面临着前所未有的压力，既要超前学习新课程理论，又要研究和制定新课程的管理策略和制度，还要探讨新课程条件下学校发展的新思路，这就不可避免地造成管理者参与新课程实践、接受新课程培训、深入新课堂研究的时间明显少于一线教师。在这种情况下，校长依然要成为'教师的教师'，确实很难。"

"对你来说，好像不是那么困难呀。这是为什么？"我顺着原校长的话继续问。

> 随着新课程的推进，校长面临着前所未有的压力，既要超前学习新课程理论，又要研究和制定新课程的管理策略和制度，还要探讨新课程条件下学校发展的新思路。

"你怎么知道我不困难？我又不是神仙。"原校长谈起了自己的苦衷，"说句实话，这几年，我明显感到力不从心。但既然在其位，就得谋其事。从我个人的情况看，新的条件下，校长要依然成为'教师的教师'，必须做到四点：一是必须重视理论学习、业务进修和学术研讨，把握新课程的精神实质，转变自己的角色定位；二是必须把'管理就是服务'的理念落实到新课程的管理实践中，加强教学视导工作，帮助教师诊断教育问题，做教师的贴心人，力争做到工作重心下移，靠前指挥；三是必须树立向教师学习的意识，深入教育教学一线，与教师一起探索、共同

成长，必要时要更多参与教育教学实践，在实践中增长实施和管理新课程的能力；四是必须加强现场研究和叙事研究，强化前瞻意识和科研意识，使自己成为学校课题研究的领头羊。要做到这几点，校长必须不断提高时间管理和危机管理的能力，才能为专业发展提供保障。"

满足教师自我实现的需要

如果说 C 校教师与其他学校教师有所区别，那就是"团队提升"。延续至今的拜师制，既为新教师提供了一条成长的快捷通道，也使老教师在不经意间接受了新观念。如今，不少学校也开始搞起拜师制，但能够通过考察、总结、表彰和提升，把这套工作机制做到位的还是这项制度的"始作俑者"——C 校。

在各级各类的教学业务比武中，C 校教师频频获得一等奖。很多人有疑问：为什么该校会出现这样的现象？原因就在于，每一个参赛教师的背手，都站着一个团队。无论哪一位教师参加哪一项竞赛，他所依托的都是学校的教师团队，所体现的当然是学校整体的水平。

如果教师团队的力量不能满足需要，原校长一定会借助各种校外力量，促进教师的专业发展。于是，深圳各个大学、研究院所的专家都成

了 C 校的人才资源；而仙湖植物园、红树林湿地保护区、深圳观鸟协会等也都成了 C 校的场地资源，甚至中国传媒大学、北京电影学院的教师都曾到该校进行指导。

其实，原校长出任 B 校校长时就非常关注教师的专业成长。该校多名老师在全国捧回过数个一等奖，至于省、市级一等奖，更是不胜枚举。谈到促进教师专业成长这个问题时，原校长这样说道："现代学校要不断提高学校的办学品位，抢占教育制高点，就必须培养和造就一流的教师队伍。为此，学校要提供一切可能的条件和机会，促进教师的专业发展，有效克服职业倦怠，让教师对学校有认同感和亲近感，才能不断增强教师队伍的凝聚力。"

原校长是这样想的，更是这样做的。对于学校的各科教学教研活动，原校长总是全力支持。一有各种培训消息，他总是第一时间通知相应的老师。有一次，市里举行教学研讨会，需要备课组老师全部参加。教务主任犹豫了：老师们去没问题，可学生的课谁来上？对此，原校长没有丝毫犹豫："去，磨刀不误砍柴工，你们想办法就能解决问题。"在 C 校，每年都有 6 个名额让老师们去国外进修学习，学校承担一切费用，这让很多其他学校的老师羡慕不已，而至于派教师到国内各地学习培训更成了常规工作。

"六子登科"使龙"腾"虎也"跃"

"老师们都说，你曾说过这样一句话，学校绝对不能'藏'龙'卧'虎。这是什么意思呀。"我不解原校长这句话的含义。

"呵呵，这句话还不好理解：学校的教师如果是龙就得让它'腾'，是虎就得让它'跃'，龙'藏'着虎'卧'着，就是对人才的极大浪费。"原校长的一句话让我茅塞顿开。

"并非所有校长都和你一样认识问题。一些校长生怕老师的风头盖过自己。"我猜想，不少校长了解原校长的做法后，会感到无地自容。

"呵呵，校长怎么能和老师抢风头呢？说到底，还是他们缺乏底气。我认为，这些夜郎自大的人不具备管理者的基本条件，更不适合做校长。"原校长对这种现象嗤之以鼻。

"怎么样才能让龙'腾'虎'跃'呢？"我进一步追问。

"简单地说，就是'六子登科'。"原校长接着作了详细介绍，"'六子登科'就是迈步子、结对子、搭台子、引路子、压担子、台柱子。迈步子就是支持教师参加国内外培训学习，用先进理论武装教师的头脑；结对子就是让有经验的教

> 校长要把方方面面优秀人才的积极性、创造性调动好、保护好、发挥好，营造和谐、向上的人际关系。只有这样，才能不断提升学校的核心竞争力，也才能不断提高学校的办学品位。

师与年轻教师、新进校教师结成师徒对子，在实践中提高年轻教师的教育教学能力；搭台子就是为教师提供更多的机会，搭建更多的平台，让教师充分展示自己的教学特色和风采；引路子就是通过指导教师参与课题研究，引导教师用科研手段解决教育教学中存在的问题；压担子就是鼓励年轻教师踊跃参加各级各类教学比赛活动，激励年轻教师勇于接受新的挑战；台柱子就是多向外界推荐快速成长的年轻教师，使他们逐渐成为市、区骨干教师。我认为，校长的重要职责就是，把方方面面优秀人才的积极性与创造性调动好、保护好、发挥好，尽最大可能满足每一个教师自我实现的需要，营造和谐、向上的人际关系。只有这样，才能不断提升学校的核心竞争力，也才能不断提高学校的办学品位。"

"怎么样才能建立和谐、向上的人际关系？"说句实话，在教师团队中建立和谐的人际关系，不是易事，有必要向原校长求教。

"建立和谐、向上的人际关系，要以尊重、关心、信任、欣赏和依靠每一个教师为基本前提，最大限度地满足全体教师追求归属感、爱和自尊的需求，让每一个教师都感受到自己的存在和价值。仅仅关注骨干和优秀教师，忽视普通教师的需求，是不可能建立和谐、向上的人际关系的。"原校长如是说。

营造有利于执行的架构与流程

校长要善于营造有利于执行的架构与流程，才能把决策落到实处，才能提高学校管理效能。

在 C 校，每到周四，所有的中层干部就会收到一张写满议题的纸，纸上的议题就是第二天学校行政会上要讨论的内容。对每一个议题，每个中层干部都需要提前作足准备，第二天的行政会，每个人都必须发言。因此 C 校的行政会上总是热闹纷呈，大家各抒己见，有时甚至为一个议题争得面红耳赤，用一个年级长的话来说就是："行政会上，我们是把管理话题当成科研一样来讨论，我们的行政会开得像研讨会一样。"一般情况下，原校长很少在行政会上发言，他总是先听大家说，在集思广益的基础上，再在适当时候穿针引线，归纳总结，而且他的概括和总结总是非常到位。于是，一个个有关学校管理的决策就通过这样的程序产生，一个个加强民主管理的制度就通过这样的方式制定。对民主、公开这些现代学校必须具备的要素，原校长通过这样的方式把它们真正落到了实处。

"制度环境不仅是建立规章制度，更重要的是让制度深入人心，变成教职工的自觉行动。"原校长解释道，"我们就是要通过民主建立制度的过程，让每一个教师对制度的要求了如指掌。"

在 C 校老师们的眼中，原校长是个"有帅才"的校长，他的"帅才"最集中的表现在学校管理中，不但能充分调动每位班子成员的工作积极性、能动性，而且还善于抓主要矛盾，集思广益。上述富有前瞻性、别开生面的"行政会"，就充分体现了这一点。

无论在哪所学校，原校长不仅动脑思考作出决策，制定学校发展战略，而且通过主动投入，了解学校工作的细节、教师的安排与环境的变化，具体参与到执行的实质层面甚至某些细节，有效地推动学校战略落实。

为了建立有利于执行的文化和流程，原校长借助企业质量管理的理论，在 C 校全面加强科学和谐高效的管理机制建设，建立了校级和年级两级质量管理领导小组，明确学校质量管理的目标和责任。同时，C 校还与北京大学基础教育教师教育中心以及英国剑桥教育集团合作，借鉴英国成熟而系统的学校评估和管理经验，着眼于师生的持续发展，改革学校评估方法，构建富有活力的学生学业成就、学生综合素质、教师教学活动效果、学生学习活动效果及学校管理效能等方面的评价体系，使每一个干部、教师熟悉学校的管理流程，并最终使学校的执行力大幅提升。

执行是校长的首要任务

"在很多人看来，校长的重要工作就是制定战略，执行是下级或老师的事。你对此怎么看？"

"战略虽是执行的核心，却不等于执行。执行是战略的根本，同时也是形成战略的依据。因为如果不能客观地衡量学校的执行力，不考虑'如何执行'的问题，就无法制定出有价值的学校发展战略。因此，执行也是决策的一部分，

> 执行是战略的根本，同时也是形成战略的依据。因为如果不能客观地衡量学校的执行力，不考虑"如何执行"的问题，就无法制定出有价值的学校发展战略。

是校长的首要工作。我认为，校长不仅要建立起一个执行的架构，还要营造出有利于执行的文化与流程。执行并非要求校长事无巨细、眉毛胡子一把抓，也不是要求校长告诉下级、教师该做什么，而是要校长从教育教学管理实践中提出问题，让下级、教师去思索自己该做什么、该怎样做，并通过这样的方式来指导下级、教师，让下级、教师跳出惯性思维的束缚，最大限度地发挥下级、教师的积极性和创造性。"原校长显然不同意我提问他的说法。

"为什么有的学校战略很符合教育规律，初始条件也不错，但学校发展的实际却不尽如人意？我想，就是因为执行力不高的缘故。"我在原校

长这位专家面前班门弄斧。

执行是包括计划、行动、控制和实施的系统化流程，其重心在于人员流程、战略流程、运行流程。三项流程的联结和综合的程度，就表现为学校的执行力。

"我完全赞同你的看法。"原校长冲着我伸出了大拇指，继而进一步发表自己的看法，"执行是一套系统化流程，包括计划、行动、控制和实施，其重心在于三项核心流程：人员流程、战略流程、运行流程。三项流程的联结和综合的程度，就表现为学校的执行力。在这三个流程中，校长都具有举足轻重的作用。因此，提高执行力，校长应该做到：一是完善战略流程。战略制定的过程是保证日后战略有效执行的重要方面，因此，制定学校发展战略时应让全体教师参与。全体教师的参与将使制定的战略更具有执行性。二是细化目标任务。目标任务的细化是将战略细化为可执行的任务，将任务有效分配到各个职能部门和教职员工，并确保每个部门、教职员工理解部门、个人任务与学校战略的联系。三是明晰管理层责、权、利。校长必须通过管理层责、权、利的明晰，解决因组织结构缺陷导致的重要工作任务'责任者缺位'，组织结构与学校核心工作流程不配套，以及学校部门之间的壁垒等问题，消除执行的结构性障碍。四是强化培训系统。校长要制定一套行之有效的培训系统，并迅速将办学理念转化为培训发展方案，以帮助教师迅速获得新的思路、知识和技能。五是建立信息沟通系统。校长要建立学校的知识共享平台，进一步强化学校内部的信息沟通及学校与外部环境的信息沟通，确保学校的教育改革与外部教育变革保持同步。"

在变革中彰显校长领导力

"从你对学校管理的实例分析看，你对校长领导力理论运用得非常自如。能不能谈谈你对校长领导力的认识？"在梳理经验过程中，我突然想起了美国学者萨乔万尼提出的校长领导力理论，希望就这个理论在实践中的运用与原校长进一步沟通。

"我欣赏萨乔万尼提出的校长领导力理论，包括技术领导力、人际领导力、教育领导力、象征领导力和文化领导力。我认为，技术领导力就是校长为学校的正常运行创造合乎教育规律的有序、高效、公平的制度环境的能力，具体体现为保证学校机制正常运作的组织、指挥和协调的执行力。人际领导力就是校长驾驭学校人力资源的能力，具体表现为校长能给师生提供感情上的支持和鼓励，能为教师发展和学生成长提供各种机会。教育领导力就是校长在思想、知识和技能上对教师提供指导的能力，具体表现为校长能深入教育教学，在科学诊断的基础上，给教师提出具体、有效的建议。象征领导力就是校长通过设立愿景，确立学校的价值定位，带领学校进行战略发展的能力，具体体现为校长能够提出全校师生理解、认同、坚持的教育理想，并以此唤醒全体师生对学校工作意义的认识。文化领导力就是校长通过对学校终极价值观念的不断界定、传播和加强而形成的对全校师生的感召力，具体体现为校长能够自觉运用共享式领导理论，创造一种充满道德感的秩序。这五个领导力只有在实现学校整体的变革中才能彰显。"真没想到原校长也研读过这个理论，而且理解得如此深刻，难怪他的行为与这个理论如此接近。

> 校长领导力包括技术领导力、人际领导力、教育领导力、象征领导力和文化领导力。其中，技术领导力就是校长创造有序、效率、公平的制度环境的能力；人际领导力就是校长驾驭学校人力资源的能力；教育领导力就是校长在思想、知识和技能上对教师提供指导的能力；象征领导力就是校长带领学校进行战略发展的能力；文化领导力就是校长对全校师生的感召力。

【旁观者言】

校长是百科全书

本篇是一"部"叙事模式的"校长领导学"，在对话中阐述了学校领导方面非常有价值的系列命题：

价值论——优秀校长的价值：弱校变强，强校更强；

文化论——构建从"优秀走向卓越"的学校文化；

环境论——学校文化是滋养师生的精神"场域"；

角色论——校长要成为"教师的教师";

管理论——时间管理能力为校长专业发展提供保障;

人本论—— 满足教师自我实现的需要;

实践论——执行是校长的首要任务;

改革论——在变革中彰显校长领导力;

……

在这里，我们看到，做好一个好校长还真不容易。为此，校长须成为百科全书。

后记

　　如果说《教育现场对话① 教师发展的阿基米德点》（简称《对话①》）的成稿与出版是偶然显得有点自谦的话，那么它的姊妹篇《教育现场对话② 品牌学校是这样建成的》（简称《对话②》）的成稿与出版则纯属意外。

　　说偶然，是因为《对话①》的成稿与出版，尤其是教育科学出版社来出版，是我想到了但没有想到能最终成功的结局；说意外，则是因为《对话②》的出版，完全是教育科学出版社教师教育编辑部刘灿主任非常宝贵的建议使然。

　　还得从半年前说起，我把初稿交给刘灿主任，得到了他的充分肯定，但随后便给了我第一条建议：把书稿一分为二，拆分为两本。刘灿主任说，这本书的读者群体不明确，必须进行拆分。即把与学校办学有关的内容和教师发展的内容分开来，一本给校长们及教育管理者们看，一本给老师们看。

　　听到刘主任要我拆分书稿时，欣喜之余，我不免有点傻眼了。原因很简单，本来只有十五万字，成书就有点勉强。虽然刘灿主任鼓励我——书稿不在字数多，而在质量精，十万字左右就成，但即便把十五万字的书稿均拆成两本各十万字的书稿，也需要补充五万字的内容，何况原来书稿中关于学校办学的内容只有三万多字，尚需补充八万多字。

虽然短时间内完成八万多字的内容有相当的难度，但刘灿主任的厚爱和信任不忍辜负。于是，我欣然接受拆分书稿的建议，对学校办学部分的内容进行补充。

与《对话①》自己的亲身实践内容较多不同，《对话②》的内容多半是自己没有亲自实践的校长办学的内容，补充难度可想而知。不过，由于我接触过很多校长，也写过不少校长的办学治校经验，素材还不算太难组织。

虽然素材很多，但在半年多的时间里对案例和素材进行筛选、整理，并写出自己认为满意，进而让读者较为满意的稿子，却绝非易事。

为了节约时间，我只得从我以前撰写的校长办学治校经验中筛选材料。于是，我的头脑中像过电影般地不断闪现唐海海、曹衍清、王水发、禹明、袁良平、叶延武、方星、杜小宜、陈显平、吴希福、崔学鸿、汪洪等深圳知名校长的影像。几经思考，我选定了上述校长及其办学事迹作为基本素材，将其列入《对话②》的写作范畴。

考虑到《对话②》基本上取材于真人真事，开始时，我也想把《对话②》与《对话①》在写作上区别开来，即《对话②》的对话部分以写实方式来写，而且也许这样更能挖掘出他们的特质。但在具体写作上，依然碰到了"钉子"——一是要保持和《对话①》同样的生动性，必须对素材进行适当加工；二是要体现与《对话①》相同的观点犀利的风格，写实方式容易让校长们望而却步；三是与这些名校长约谈对话有一定的难度，时间也不允许。

开始下手补充书稿时，我才发现，虽然《对话②》的素材比较充实，但因为对话分析部分的内容自己思考较少，写作难度之大超过了我的预期。好在我有多年教育行政机关工作的经验，多次参与管理类文章的撰稿，有很多与基层校长进行接触、交流的机会，因此，对学校管理中存在的问题有一定的认识，特别是对学校在管理创新实践中的困惑深有同感。出于各种主客观原因，自己日常撰写教育及学校管理类材料时，对管理实践中的问题不便也不能全写出来，但正是因为这些问题足够真实，对其进行系统的思考与分析才显得格外有价值。

"何不在自己的书中，以对话分析的方式呈现这些管理实践中存在的真实问题和状态?"我的头脑中关于《对话②》的写作思路终于确定了：放弃以写实的方式写作《对话②》，继续用虚构的方式来写，以保持两本书在写作风格上的高度统一。虽然这样写可能会让这些校长感到一定程度的不愉快，因为毕竟经验是他们创造的。好在这些名校长的心胸都比我开阔，在我和他们中的部分人交流时，他们都不约而同地同意我以这样的方式来进行写作。

在本书付梓之际，我怀着十二分的敬意，对本书的成稿和出版给予支持和关怀的专家、领导、同事、朋友表示真诚的感谢。感谢清华大学教育研究院王振权博士的精彩点评，感谢深圳大学教授李臣之的良好建议，感谢中国教育报徐启建、赵小雅主任以及众多校长、老师的热情鼓励，感谢孙袁华、刘明堂主任的鼎力推荐，感谢刘灿主任的高度赏识，感谢中国教育科学研究院韩立福博士、副研究员李继星先生，中国教育报总编辑翟博，中国教育学刊执行主编鲍东明，中国教育报新闻中心周飞主任、校长周刊时小玲主任、深圳市教育局郭雨蓉局长、唐海海副局长、深圳市南山区人民政府曹赛先副区长以及南山区教育局曾令格局长、王水发副局长等专家、领导的大力支持，感谢深圳市教育局赖群阳主任、胡新天处长、鲁江副处长，深圳市电教馆周仕清副馆长，以及深圳市南山区教育局刘新生所长、陈坚主任等好友多年来的悉心帮助。感谢深圳市南山区大新小学的陈燕老师，她为本书配上了精美的插图，令图书生色不少，感谢所有为本书出版付出智慧与心血的编校、设计和出版工作人员。

房超平

2012 年 5 月 21 日